とっておきの風景を探しに「宗像大社」(P150)

歴史を学び、知的好奇心を満たす「中津城」(P248)

アッと驚くような体
験がしたくて
「鍋ヶ滝公園」(P56)

見られるかどうか、旅で運試し
「真玉海岸」(P59)

一人旅でも、大切な人と一緒でも「米ノ山展望台」(P60)

感動するのに理屈はいらない「糸島」(P16)

食べ歩きが目的に
変わっていたり
「名護屋城」(P256)

近所に支店があるけど
あえて本店へ
「想夫恋焼」(P104)

ときには並んで
でも味わいたい
「糸島」(P16)

まずはやっぱりご当地グルメを「焼きカレー」(P146)

聖地巡礼して胃袋を満たす「ドライブイン鳥」(P112)

本番前の予習も大事
「佐賀バルーン
ミュージアム」(P212)

圧倒されたくて
未知の世界へ
「南蔵院」(P170)

物欲には
逆らえないのです
「波佐見焼」(P99)

めがけて行きたい伝統行事「唐津くんち」(P73)

知られざる文化を知るために「山鹿灯籠まつり」(P62)

心揺さぶられる
新名所を発見
「大分県立美術館
OPAM」(P194)

生命の不思議に
興味を募らせて
「北九州市立
いのちのたび博物館」
(P234)

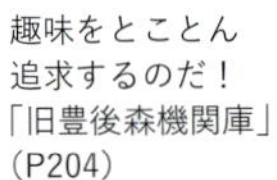

趣味をとことん
追求するのだ！
「旧豊後森機関庫」
(P204)

福岡発 半日旅

吉田友和

はじめに

一回でも多く旅したい

忙しい日常の中で、突然フッと空き時間ができることがある。

どこかへ行きたいけれど、泊まりがけで出かけるほど余裕はない。かといって、家でマッタリするのもなんだかもったいない。

そんなとき、僕は近場でおもしろそうな場所を探して旅に出る。

行き先はさまざまだ。自然を求めて海や山を目指したり、ご当地グルメを目的とした
り。そのときどきの気分や季節、天候状況によって選ぶ。計画性のまるでない思いつきの旅だが、行き当たりばったりだからこそ、これがなかなか楽しめたりもする。

休日の予定が決まっておらず、

「今日はどうしようかな……」

と、朝起きてから思案を始めることも珍しくない。

そのままなんとなくダラダラしているうちに、気が付いたらお昼になってしまい、慌てて家を出る、なんてパターンも実は割とよくある。とはいえ翌日は仕事だから、帰る時間が極端に遅くなるのも困る。

つまり、旅する時間自体は結構短いのだ。午後だけだったり、夕方からということもある。正味一日も旅していないわけで、「日帰り旅」と言うよりは「半日旅」とでも呼んだほうがしっくりくる。

本書は、そんな気まぐれな我が旅を紹介する一冊である。

時間があまりなくても旅は可能である。どんなに忙しくても、半日ぐらいならば自由な時間は確保できるのではないだろうか。

週末だけで海外旅行をするというライフスタイルを長年続けてきた。わずか十日間で世界一周をしたこともある。日本国内になると、さらに短期であちこち行ったり来たりしている。我ながら、忙(せわ)しない旅ばかりだなあと苦笑する。

質よりも量を重視する旅人でもある。いや、この場合「量」というよりも、「回数」と言い換えたほうが言葉の使い方としては正確かもしれない。何のことかというと、旅の頻度についてだ。たまに豪華な旅をするよりも、ひとつひとつは質素でもいいから、とにかく回数多く旅ができればと願う。

トータルの日数が同じだとしても、まとめて旅するよりも、分割したほうがお得感がある、などということを本気で考えてしまう人間である。たとえば三泊四日間の旅を一年に三回するのならば、二泊三日の旅を四回したい。あるいは一泊二日ならば、六回も旅ができる、といった具合に。

ここ数年は、宿泊を伴わない旅が増えている。二泊三日や一泊二日どころか、日帰りである。それも前述したように半日旅が圧倒的多数だ。

短い旅とはいえ、旅であることに変わりはない。どこかへ移動して、観光する。食事をして、ときには買い物もする。ただそれだけなのだが、何らかのアクションを起こすことで少なからずドラマが生まれる。それらがかけがえのない思い出として自分の中に残り、結果的に日々の生活にいい刺激となる。

短いからこそ、そのぶん旅の密度が濃くなるのだとも言える。

——わずか半日でどこまで行けるのか。

——どれだけ充実した旅ができるのか。

本書ではその辺のテーマにも迫っていきたい。当たり前だが、掲載する場所はすべて僕自身が実際に足を運んだうえで紹介する。単なるスポット・ガイドではなく、旅の模様をありのまま綴っていくので、読み物としても楽しんでいただけると幸いだ。

福岡発 半日旅　目次

Contents

第1章　自然・景観・庭園

第2章　祭り・文化・温泉

第3章 グルメ・お酒

第4章 神社・仏閣

第5章　ミュージアム・記念館

第6章　城・世界遺産・史跡

第7章 半日旅の心得

必ずお読みください

●掲載データについて

・電話番号＝各施設の問い合わせ用番号です。現地の番号でない場合があります。カーナビ等での電話番号による検索では、実際の位置とは違った場所を示す場合があります。ご注意ください。
・休業日＝原則、定休日のみを掲載しています。年末年始やゴールデンウィーク、お盆や臨時休業などは省略しています。
・料金＝基本的に大人1名分の料金を記載しています。
・アクセス＝電車でのアクセス方法を1点のみ掲載しています。
・移動にかかる時間などは、おおよその目安時間を記載しています。

※本書出版後に、営業内容や料金などの各種データが変更されたり、臨時休業などによりご利用できない場合があります。改めて事前にご確認ください。また、本書掲載の内容により生じたトラブルや損害などにつきましては、補填いたしかねます。ご了承の上、ご利用をお願いいたします。

第1章　自然・景観・庭園

01

糸島（いとしま）

文句なしに絶景！ 奇岩系景勝地「芥屋の大門」へ

福岡県
糸島市

雲ひとつない青空が広がっているのを見て、行き先に決めたのが糸島だった。都会の喧噪（けんそう）から離れ、のんびりと海でも眺めながらリラックス。いつ行っても楽しめるが、やはり天気のいい日にこそ、その本領を発揮する旅先という気がする。

糸島までは福岡市内中心部からはクルマで三十分程度。電車でも地下鉄空港線からJR筑肥線を経て筑前前原（ちくぜんまえばる）まで約四十分。そんなに近いにもかかわらず、砂浜のビーチにはヤシの木が立っていたりして、リゾートムードたっぷりなのが素晴らしい。

電車でも行けるものの、どちらかといえばクルマ向けの旅先だと思う。糸島へは福岡にプチ移住してからしばしば訪れているが、毎回クルマである。

我が家ではお昼寝時間なのに娘がなかなか寝付けないようなときに、苦肉の策として

都会の近くながら美しい海が広がる。糸島の存在を知って、福岡の人が羨ましくなった。

ドライブに出かけることがある。揺れが心地いいのか、どんなにグズっていてもクルマに乗せればイチコロだからだ。ただし、ひとつ問題があって、停まっていると高確率で起きてしまう。スヤスヤ眠っている間は可能な限り走り続けなければならない。

とはいえ、闇雲にクルマに乗り続けるのも得策ではないから、毎回なんとなく目的地を定めている。当然ながら、ハンドルを握る親としては、ただ走っているだけでも風景が楽しめるような道だとベストである。

なぜ突然こんな話をしているかというと、糸島はこの「寝かしつけドライブ」をするのにうってつけの場所なのだ。海沿いの道は景色がすこぶる良く、最高のドライブコースだ。信号機が少ないのもありがたい。走行距離もちょうどいい感じで、福岡からやってきてぐるりと一周して帰ると、娘が昼寝から起きるのにいい頃合いとなる。

寝かしつけが目的のときはあくまでもドライブなので、基本的には途中で下車したりはしない。有名な二見ヶ浦の夫婦岩なども車窓から眺めるだけだった。

「クルマを停めて写真を撮りに行きたいなあ……」

と思っても潔くあきらめていた。そこで今回、改めて海を見に行くことにしたのだ。

糸島は自然の宝庫で、海だけでなく山や滝など見どころは多岐に渡るが、数ある景勝地の中でも個人的にとくに気になっていたのが「芥屋の大門」だ。最初はこの漢字で何と読むのかもわからなかった。福岡生まれの人にとっては有名スポットなのかもしれないが、県外から来た者としては存在すら初耳なのだ。「おおもん」でも「だいもん」でもなく、「(けやの)おおと」なのだと知ったときは目からウロコが落ちた気分だった。

筑前前原駅前の糸島市観光協会でもらった案内によると、芥屋の大門は日本三大玄武洞のひとつで、最大の規模を誇るという。国の天然記念物にも指定されている。

「玄武岩の柱状節理を見ることができる奇岩名勝」と紹介されていた。

柱状節理？　とにかくなんだかすごそうなのだが、なにがすごいのかがいまいち理解できない。かくなるうえは実物をこの目にするのが早いということで、行ってみたのだ。芥屋の大門があるのは糸島西部。方角的に夕日が綺麗そうだなあと思ったら、まさにこの辺りは夕日の名所なのだそうだ。

お昼すぎに到着したので、まずはランチを取ることにした。向かったのは「塚本鮮魚店」というお店。海を見に行くのならば、海の幸を味わいたい。ここは海鮮丼が名物だと聞いて興味を覚えたのだが、到着したら店の前に行列ができていておやっとなった。どうやらかなりの人気店のようだ。

とはいえ大きな店で幸いにも回転も早く、あまり待たずに席に通された。ランチメニューで一番人気は千円の「特上海鮮丼」らしいが、単品はすでに限定数に達してしまったという。プラス五百円で天ぷらが付く天ぷら膳ならまだ用意できるというので、それにした。さすがは専門店だけあって新鮮な魚が味わえたが、野菜の天ぷらも美味しかった。糸島の産直は野菜が大充実していると、奥さんが言っていたのを思い出す。

福岡へのプチ移住中には、毎年十月に開催される「糸島クラフトフェス」にも足を運んだ。いわゆる作家モノの手工芸品、雑貨などを販売する野外イベントなのだが、会場

クラフトフェスを訪れたら、糸島が移住先として人気がある理由がわかった気がした。

内のフードコーナーが妙に凝っていたのも印象的だ。糸島の野菜をふんだんに使ったというスリランカカレーが美味しかったが、インドではなくスリランカという点にこだわりが感じられる。

糸島は移住先として人気なのだと聞いていたが、現地に来てみて腑に落ちるものがあった。一言でいえば、洗練されている。そして、層が厚い。

同じように田舎でありながらもお洒落なカフェやレストラン、ショップなどが集まった土地というのはあるが、糸島ほどしっかりした規模で成立しているところは滅多に見かけない。移住者が多いから、新しいお店なども次々と誕生するのだろう。ローカルの情報誌が刊行されていることからも、土地の勢いのようなものが垣間見える。

お腹が満たされた後は、いよいよお目当ての芥屋の大門へ向かった。ところが、ここでちょっとした問題が発生。芥屋の大門は遊覧船に乗って海上から見学するタイプの観光地である。ところが、その遊覧船の乗り場を探して迷ってしまったのだ。

きっと看板とかも出ているだろうし、行けば分かるはず――などと楽観視して、ほとんど下調べをせずに訪れた自分の落ち度だ。現地に到着して最初に現れた大きな駐車場にとりあえず停めたのだが、ここは不正解。さらに先へ進んでようやく乗り場を見つけたら、今度は駐車場は二十メートル手前にあると小さく書いてあってUターンした。

そんなこんなでアタフタしているうちに、なんと乗る予定だった船の定員が埋まってしまったからボー然となった。同じタイミングで、大型バスでやってきた団体ツアーの集団と鉢合わせになったことも大きな理由で、

「普段ならこんなに混まないんですけどねえ……」

と受付の人にも同情された。なんとも運が悪いのだ。

仕方ないので次の船に乗ることにして、待ち時間に「芥屋の大門公園」へ行ってみた。最初に間違えて停めた駐車場へ引き返し、歩いて岩壁へと向かう。すると「展望所まで

百八十メートル」と書かれた立て看板を見つけた。興味を覚えたので、樹木に覆われた入口から足を踏み入れてみて——思わず「うひょう！」と声が出た。

生い茂る木々が頭上にまで伸びて、天然のトンネルのような光景を作り出していたのだ。隙間から差し込む陽の光が葉叢を照らし、世界が緑色に染まっている。いやはや、見事なまでに絵になる光景だ。無意識のうちにカメラに手が伸びたほどである。

偶然迷い込んだこの展望所へと続く森の小道だが、後になってここは近年まさにSNSなどで話題のスポットなのだと知った。なんでも「トトロの森」という愛称まで付いているのだという。トトロというのはもちろん、ジブリ映画の『となりのトトロ』のことだ。なるほど、確かに作中に出てくる森の風景と雰囲気が似ているような気もする。

こういう巡り合わせがあるから旅はおもしろい。満員で船に乗れなかったがゆえに出合えた光景だった。運が悪いなあと嘆いていたが、結果オーライなのである。

出港時間の十分前から乗船券を販売するというので、時間に遅れないようにして遊覧船乗り場へ戻った。今度は団体客もいなくて無事に乗れることになった。船は結構小さくて、二十人も乗れば満員といった感じ。

糸島にも「トトロの森」があった。坂道を上った先にある展望台からの眺望もナイスだ。

航路から想像して、進行方向右側の座席に座ったら、これが大正解で往路は芥屋の大門がよく見えた。というより、左側座席だと正直全然見えなそうで、実際に「見えないねえ」という声も聞こえた。帰りは逆になって左側座席しか見えなくなるが、やはり行きのほうが気持ちが盛り上がっているので、行きに右側座席が断然オススメだ。

遊覧船の乗船券売場。出港10分前から売り出される。運賃は大人800円、子ども400円。

ローカルな風情が漂う漁港。小型の遊覧船が、漁船に並ぶ形で係留されていた。

　この目にした感想としては、まずビックリした。予想していたよりもずっと大迫力だったからだ。正直なことを言うと、内心ではそこまで期待していなかったのだ。奇岩系の景勝地はこれまでもとくに海

近くで見ると、摩訶不思議な地形をしていることがわかる。なるほど、これが柱状節理か。

外で色々見てきている。悪い癖だとは自覚しているが、似たようなスポットは過去に訪れた場所とつい比較してしまうのだ。

「ガッカリ系かもしれないけど、まあ話のネタに……」

などと侮る気持ちもあったのだが——ごめんなさい。文句なしに絶景である。

六角形をした無数の縦長の岩が幾重にも集まっている。まるで蜂の巣のようだと聞いていたが、紛れもなく自然の産物である。ふむふむ、こういうのを柱状節理というのね、と得心する。

巨岩は中央部に穴が開いているのだが、遊覧船は果敢にこの中へ突入していった。芥屋の大門観光における最大のハイライトだが、波の状況次第では入れない日もあるという。

奇岩が形成する山に大きな穴が穿たれている。船はこの中へ突入するのだ。

外観からして圧倒されるが、内部も大迫力。奥はどうなっているのだろう。

内部は洞窟のようになっており、薄暗い。ここでしばし停泊し、デッキに出て見学できる。高さ六十四メートル、奥行き九十メートルと巨大な空間だが、幅は二～十メートルしかないため左右の岩壁に船がぶつかりそうなほどだ。手を伸ばせば岩肌に触れることもできる距離で、せっかくなのでタッチしてみたらひんやりとしており冷たかった。

乗船時間はわずか二十五分程度。短いけれど物足りないということはなく、むしろ満足度はかなり高い。またひとつ、日本に素敵な場所を見つけた。

01　糸島（芥屋の大門遊覧船）

- 住所：福岡県糸島市志摩芥屋677
- 電話：092-328-2012
- 営業時間：9時30分～16時30分（3月16日～11月末）
- 定休日：なし（海上不良の場合欠航）
- 料金：800円
- 駐車場：有
- アクセス：JR筑前前原駅からバス30分→徒歩10分

02

天山（てんざん）

視界を遮るものなし！　ほぼ三百六十度の大パノラマ

佐賀県
小城市 他

名前からしていいなあと思ったのが旅のきっかけだ。そこがどんなところなのか、何があるのかなどはまったくわからない。何ひとつ具体的な根拠はないのだけれど、きっととてもいいところに違いないという予感めいたものがあった。そして、その種の予感はよく当たる。

天山——字面が素敵だし、音の響きもいい。

調べてみると、標高千メートル超えとそれなりに高い山にもかかわらず、山頂近くまで自家用車でアクセス可能で、駐車場からは二十〜三十分も歩けば登頂できるという。山登りというには随分手軽そうなところに惹かれるものがあった。

「それぐらいなら子ども連れでも登れるかもね」

山頂近くの駐車場までは自家用車で。ガードレールがない狭い山道を上っていく。

という話になり、一家全員で行ってみることにしたのだ。せっせとお弁当を作ったりしつつ、レジャーシートを持参しつつ、まるで近所の公園へピクニックに行くときのような軽いノリで向かったのだが——。

長崎自動車道を小城（おぎ）スマートＩＣで降りた。古都の風情が漂う小城市街を抜けて北上すると、やがて風景は山深いものへと変わった。ガードレールがなく、道の端に落ち葉が積もっている。離合必至の狭い山道だが、幸いにも一度も対向車とすれ違うことなく駐車場へ辿り着いたのだった。

ちなみにグーグルマップ上では「上宮（うえのみや）駐車場」という名になっていた。ネットで調べてみると、ここが八合目という説と、九合目という説が混在していた。どちらが正しいのかわからないが、いずれにしろ山頂にかなり近いところまでクルマで行けるのは確かだ。

この駐車場からの眺望もなかなか素晴らしく、パチパチ写真を撮っていたら、近くにいた男性に声をかけられた。話してみると、地元の方とのこと。

「今日はとくに天気がいいんで来てみたんです。有明海の向こうに、うっすら山が見えるでしょう。あれは普賢岳です。そう、あのあたりが島原半島ですね」

ラッキーなことに、地元民が絶賛するほどの秋晴れの日に訪れることができたらしい。幸先よしである。

我が家の構成を説明しておくと、我々夫婦に加え、三歳になって間もない長女と、間もなく一歳半になる次女という計四人になる。

下の子はまだハイハイのお年頃で、自分で歩くことができない。相談した結果、妻が抱っこひもを背中に回して次女をおんぶして行くことに決まった。その代わり僕は荷物がすべて詰まったリュックを背負いつつ、長女の面倒を見る。

「まあでも、山頂まではすぐみたいだし、楽勝でしょう」

などと最初のうちは楽観視していた。歩き始めてしばらくは道が比較的整備されていたせいもある。上り坂だが、階段になっているのでそれほどきつくない。

いまにして思えば、我ながらあまりにも山を舐めていた。なにせ、足元はトレッキングシューズではなく、普段使いの靴だったほどだ。

「楽に登れる」「子どもも楽しんでいた」「三十分ぐらい」など、クチコミに書かれてい

自分たちが来たのとは逆側にも登山道があるようだ。そちらのほうが楽だったりして？

歩き始めて間もなくして古びた鳥居を見つけた。近くには池もあって、魚が泳いでいた。

た情報を信じきっていた自分も愚かだなあと苦笑する。

楽かどうかはあくまでも主観であり、絶対的な事実ではない。鼻歌を口ずさみながらハイキング気分で山歩きを楽しめたのは——最初のうちだけだったのだ。まさかまさかの、地獄のような展開が待っていた。

山頂が近づくにつれ、道はどんどん険しくなっていった。階段なんてあるわけもない。道があればマシなほうで、段差のようになっているところをよじ登ったり、岩場の狭い空間をくぐり抜けたり。

大人だけならそこまで大変ではなかっただろうが、なにせ幼児連れである。亀のようなスローペースで登っていると、次々と後ろから来た登山客に追い越されていく。自分たちが追い越すことは絶対にない。

途中までがんばって自力で歩を進めていた長女も、そのうち「歩きたくない」と口を尖(とが)らせ始めた。仕方ないので抱っこしてあげるが、三歳児とはいえ十五キロ近くもある。背中のリュックも重いし、正直ずっと抱っこは辛い。

そうこうするうちに娘は本格的に不機嫌モードに突入してしまい、「お腹減った～」を

南側は有明海を一望できる。遠くにうっすら見える山が普賢岳だ。

連発し始めた。にっちもさっちもいかなくなったため、あきらめて山頂で食べるつもりでいたお弁当からおにぎりを一つ与えると、目の色を変えて頬張っていた。本来であればいまごろはもうランチを終えていた時間だ。そりゃあ、お腹も減るよなあと、なんだか申し訳ない気持ちになった。

三十分で行けると聞いていた道を、結局二時間近くもかけて踏破した。山頂に辿り着いた瞬間は、大げさだが感動のあまり涙が出そうになったほどだ。

頂上の標高は一〇四六メートル。視界を遮るものがなく、眼下には佐賀平野が一望できる。ほぼ三百六十度のパノラマだ。天山は佐賀、小城、多久、唐津と四つの市にまたがっている。佐賀県民にとっては愛着深い山なのだという。

　山頂というとゴツゴツした大地を想像するのだが、意外なことにここは原っぱのような空間になっていた。平らではないが傾斜はゆるやかで、面積も広くキャッチボールでもできそうなほどだ。ずっとおんぶだった次女が、水を得た魚のように嬉々としてあちこちハイハイしまくっていた。ほかの登山客を観察してみる。家族連れの姿はちらほら見かけるが、うちの娘たちほど小さい子はいない。

山頂には「郷土神守」の石碑も。山は土地の守り神として信仰されている。

なんとか登頂を果たしたので記念にパチリ。山を甘く見てはいけないのだ。

持ってきたレジャーシートを敷いて、改めてお弁当タイム。苦労して登った山の上で食べるご飯が美味しくないわけがない。キャラもののシートは場違いな感じもしたが……。

上りに比べれば下りはきっと楽に違いない。自分に言い聞かせるようにして帰路についたが、まさかさらなる苦行が待っているとは思わなかった。

「もう歩きたくないよ〜」

長女が猛烈な勢いで抗議し始めたのだ。来たときのように、少し抱っこしたら下ろして歩かせようとしても断固として拒否する。一歩たりとも自力で進んでくれない様を前にして、いよいよ意を決するしかなかった。こんなところへ連れてきた親の責任もある。結局どうしたのかというと、山頂から駐車場までの全行程を抱っこしながら下山したのだった。

以上、天山登山のあらましである。なんだか愚痴が多くて誤解されそうだが、違うのだ。自然が綺麗だとか、絶景に感動した、などと書いても、それだけだと読む人は「ふーん」で終わってしまう。ゆえに、どうしても珍道中的なエピソードが主体になってくるのだと念のため弁解しておく。大変だったけれど、だからこそ登りきった達成感も得られた。「天山良かったよー」と、言いふらして回っているほどである。

02	天山

●住所：佐賀県小城市小城町畑田 他
●料金：無料
●駐車場：有
●アクセス：佐賀大和ICからタクシー35分

03

巨石パーク

神秘的な巨石に囲まれながらの森林探索

佐賀県
佐賀市大和町

入口に立てられた看板には、「巨石パヮーク」と書かれていた。パークではなく、パヮークと小さい「ヮ」が付いている。シークヮーサーの「ヮ」である。

調べてみると、佐賀市が「巨石パーク」の名前を「巨石パワー区」に変えたというニュースも見つかった。パークと呼ぶにはあまりにも道が険しいためだという。発案者には激しく賛同したい。その名前から、自分も当初は自然公園のようなところを想像していたのだ。ところが、行ってみると、それはまったくの見当違いであった。道は驚くほど険しく、勾配もきつい。

「聞いてないよ……」

思わずそんな台詞が口をついて出るほどである。

最初は「巨石パーク」だったものの、後から小さい「ヮ」を付け足したと思しき痕跡も。

それにしても、巨石パワー区とはよく考えたものだ。標高二百〜三百五十メートルの山中に巨石群が点在している。それらは古代人にとっての信仰対象だったと考えられている。ここはそう、知る人ぞ知るパワースポットなのだ。

巨石パークが位置するのは、佐賀大和ICから少し北上した佐賀市大和町。この地はかつて肥前国府があった場所で、肥前国一の宮として栄えた與止日女神社が近いことから、巨石の正体は神社のご神体ではないかとも考えられている。なんともロマンあふれる話なのだが、巨石を神さまとして崇める風習は珍しいものではないだろう。

まさに半日旅といえそうな旅だった。実は、到着したのが十五時半頃。随分と出遅れてしまったのだ。

「五時には門をしめますので……」

と、受付の男性に念を押された。山の中とはいえ、「パーク」と名が付く観光施設の一種だから、好き勝手に出入りすることはできない。

「一時間半でどれだけ見て回れますか？」

なんとなく探りを入れてみると、質問に答える代わりにこう教えてくれた。

「十時頃出発した女性のお客さんたちが、まだ戻っていないんですよ」

なるほど、じっくり見ようと思えばいくらでも居られるらしい。

「時間があまりないので、こちらから行くほうがいいかもしれません」

ありがたいことに、地図を見ながらおすすめルートをレクチャーしてくれた。入口からはぐるりと一周するようなコースになっているのだが、一般的な順路とは逆方向に進んだほうが上り勾配がゆるやかで、結果的に早く見て回れるのだという。

受付がある管理棟付近にクルマを停めて、ここから歩いていくのかなと思ったが、登山口はまだ結構先なのだという。再びクルマに乗り込み、山の中へと走らせる。やがて、道が途切れて、駐車できる広いスペースが現れた。

いまにも崩れ落ちてきそうな崖も。足元に気をつけながら、落ち着いて歩を進めたい。

入口付近の案内板に各巨石の説明が書かれていたので、メモ代わりにパチリと撮ってから歩き始めた。全部で十七基の巨石があり、それぞれ番号が振られている。

まずは一番——ではなかった。そうだ、逆ルートで進むように言われたのだった。

道は典型的な山道という感じで、木の根が地面の上にうねうねして障害物のようになっていたり、大小さまざまな石が積み重なり瓦礫(がれき)の山のようになっていたり。

失敗したなあと後悔したのは、水を持ってこなかったことだ。こんなに険しいとは知らなかったし、現地で買えるだろうなあという甘い考えも抱いていた。ところが管理棟にはトイレはあるものの、自動販売機などはなかった。引き返してコンビニで調達しようかとも考えたが、ただでさえ時間がないのであきらめたのだ。

道中には誤って滑落したらタダでは済まなそうな場所もある。一応ロープが張ってあるが、気休めだろう。怪我したら洒落にならないので、注意深く足元を見ながら歩を進めた。長崎自動車道が近いせいか、山中にもかかわらずクルマの走行音が聞こえてくる。一人での山歩きで心細い気持ちになりそうだが、街が近いお陰で安心感はある。

逆方向から進むと、最初に現れるのが十五番の神籠石（こうごういし）だ。全部で十七基なのに、なぜ十五番なのだろうかと疑問に思い、地図で確認すると十六番、十七番はメインの周回コースからはやや外れた場所にあることが

道の分かれ目には看板が出ていた。通常は右が正解だが、時間がない人は左の道へ。

貴族の帽子に似ているから「烏帽子石」。高さ7.57メートルで、下部は洞窟になっている。

「天の岩門」は、数ある巨石の中でも目玉のひとつ。周囲も神々しい雰囲気が漂う。

「神を守る石」とされる「神籠石」。パワースポットを思わせる景観だ。

わかった。番号を振られるとつい全部を制覇したい気持ちに駆られるが、時間がないのでそれら二つは泣く泣くパスした。

　ルート上にはところどころ道標が出ており、「天の岩門まで約二十分」などと書かれている。ほかの石と比べて、天の岩門はとくに重要な存在のようだ。大きな岩と岩が重なり合うようにして屹立し、人が通れるほどの隙間ができている。高千穂にある天岩戸に似ているから、そのように名付けられたのだという。

　各巨石の名前は、形が似ているものにあやかって付けられたものも多い。たとえばカエルに似ているから「蛙石」だったり。平安時代の貴族がかぶった帽子に似ている「烏帽子石」なんてのもユニークな命名だ。

ただし十七基の巨石のうち、六番の「造化大明神」だけは名前に「石」「岩」が付ていない。ここは前述した與止日女神社の上宮として、明治中頃まで祭典が行われてきたのだという。とくに神聖な場所というわけだ。

そういった各巨石に関する蘊蓄にいちいちウンウン頷きながら見学するのも有意義だが、とくに説明がなくても単純に景色として眺めるだけで刺激的だ。さすがは「巨石」を名乗るだけのことはある。

展望スポットになっている「誕生石」。視界が開け、眼下に平野が望める。

どの石もとびきり大きく、中には十メートルを超えるようなものまであって迫力たっぷりだ。

　きちんと番号が振られた巨石以外にも、山の中にはそこらじゅうに変わった形をした石がゴロゴロと転がっている。そんな名もなき巨石さえも侮れない。お気に入りの石を探しながら散策するのもひとつの楽しみ方といえそうだ。

　神秘的な力を宿す巨石に囲まれながらの森林探索。道は険しいが、それゆえ達成感も得られる。都会の喧噪に疲れたら、パワーもといパワーを分けてもらいに訪れたい。

03　巨石パーク

- ●住所：佐賀県佐賀市大和町大字梅野329-5
- ●電話：0952-64-2818（管理棟）
- ●営業時間：9時～17時（巨石散策道への入場は15時まで）
- ●定休日：雨天時休園
- ●駐車場：有
- ●アクセス：JR佐賀駅からタクシー25分

04

平尾台

"羊"を愛でてから神秘的な鍾乳洞へ潜入

福岡県
北九州市

小倉の南端に位置する「平尾台」を訪れるのに、JR行橋駅で降りた。遠回りのようだが、マイカーで行かないのなら実は効率のいいアクセス方法だ。博多駅から特急ソニック号に乗ってほぼ1時間。そうして、行橋駅前のカーシェアリングで車を借りた。目的地の近くまで列車で移動し、現地で車を短時間借りるパターンは半日旅の常套手段である。

平尾台といえば、北九州を代表する名所の一つ。カルスト地形の典型的な石灰岩台地であり、北九州国定公園や国の天然記念物にも指定されている。南北十一キロ、東西二キロ、高さ四百〜六百メートルと広大なエリアに見どころは点在しており、どういう風に見て回るかは悩ましいところだった。

時間のない観光客としては、なるべく手っ取り早くハイライトを押さえたい。そこで、まず向かったのが「平尾台自然の郷」だった。観光するうえでの拠点となりそうな施設なので、情報収集がてら最初に訪れることにしたのだ。

ここはどんなところかというと、楽しみながら、学び、体験する自然公園だという。園内には工芸体験できる場所や、キャンプ場などが設けられている。遊具や草そり場といった遊び場もあって、客の大半はファミリーといった印象だ。

「子どもたちを連れてきても良かったかもなあ……」

と、内心ちょっぴり後悔しながら展望台へ。今回は一人旅である。

似たような景観の場所としては、以前に山口県の秋吉台へ行ったことがある。あちらは日本最大級のカルスト台地として知られるが、石灰岩の露出はここ平尾台のほうが上なのだという。

ゆるやかな起伏を描く台地は、ところどころ窪んでいる。あれは「ドリーネ」といって、カルスト台地特有の地形だ。

自然の郷には「ひつじがいっぱい」というキャッチコピーが躍っていた。

自然の郷の記念撮影スポット。遠くにある山の山肌に石灰岩が望める。

えっ羊？　どこにもいないけれど……と疑問に思ったが、これは喩え。台地にニョキニョキと露出している石灰岩は色彩が純白で、まるで羊の群れが草を食んでいるように見えることから、「羊群原」と呼ばれているのだ。

　展望台も「羊望台」などと名付けられている。なるほど、確かに遠景で眺めると、草原に羊が集まっているように見えなくもない。

　自然の郷の展望台は視界が開けており、見晴らしは最高だ。平尾台のスケール感がよく分かるのは確かなのだが、一方で、欲を言えばもう少し近くで見たいかな、と思ったりもした。まるで羊のように見えるのは、それだけ距離が離れているからだともいえる。

そんなわけで、自然の郷を後にし、石灰岩の近くまで行ってみることにした。展望台から眺めた台地との位置関係をスマホの地図アプリで確認しつつ、少し車を走らせると、羊の群れ、もとい石灰岩が見えてきた。道路脇に停車して、カメラを手に散策する。やはり間近で見たほうが迫力があるし、いい写真が撮れる。

石灰岩は大小さまざまだが、中にはユニークな形のものもあって探し回るのが楽しい。「奇岩」という形容が似合いそうだ。岩とはいえ、不思議と地面からにょきにょき生えているようにも見える。個人的には、奇岩群で有名なトルコのカッパドキアを訪れたときのことを思い出したりもした。

接近したほうがやはり見応えがある。地面から岩がニョキニョキ。不思議な光景だ。

カッパドキアの観光では、地上だけでなく巨大な地下都市も見て回ったのだが、この点も似ている。平尾台の地下部分には、カルスト台地の雨水によって作られた鍾乳洞が存在するからだ。その数、二百あまりに及ぶ。地上で奇岩の絶景を堪能した後は、地下も探索することにしたのだった。

向かった先は、「千仏鍾乳洞」である。国の天然記念物にも指定されており、平尾台の数ある鍾乳洞の中でも最大規模を誇る。実は数ヶ月前に東京の「日原鍾乳洞」を訪れたばかりなのだが、あちらは都指定の天然記念物だったから、こちらのほうが鍾乳洞としては格上となる。

ちなみに「千仏」の由来は、行橋市叡山願光寺の末寺千仏院から来ている。ここは大友宗麟の兵火により焼失し、廃絶してしまったのだという。意外なところで戦国武将の名前が出てきて、歴史好きとしては密かにニヤリとする。

最初に感想から述べると、見応えたっぷりの鍾乳洞だった。正直、地上部分よりもむしろ、この鍾乳洞を優先してもいいほどだ。観光地としては、難易度はいささか高めである。軽い気持ちで訪れたら、予想以上に冒険気分が味わえるスポットで内心焦った。

まず戸惑ったのが、駐車場から鍾乳洞の入口までの道。これがかなり急な坂道なのだ。行きは下りなのでまだいいが、帰りは結構しんどい。

鍾乳洞内部は有料で、大人八百円。一つ大きな注意点があって、入る前に貸し草履に履き替える必要がある。水流の中を進むため、足元が濡れるからだ。貸し草履はいわゆるクロックス・タイプのサンダルが用意されていた。サイズも複数種類あるようだった。

洞窟内部へと突入しようとしたところで、いきなりすさまじい景観が現れて目を奪われた。入口を阻むようにして、天井から無数の鍾乳石がつららのように垂れ下がっていたのだ。それは、見る者に畏怖の念の抱かせる神秘的な光景だった。

この中へ入っていくのか……若干怯(ひる)みながら、いよ

鍾乳洞は入口からいきなりド迫力。地獄へ続いていそうで、中へ入るのに一瞬怯んだ。

いよ足を踏み入れる――。

――寒いっ！　思わずつぶやいた。ヒンヤリしているだろうなあとは想像していたが、まるで天然の冷蔵庫の中にいるようだ。四季を通じて気温は十六度に保たれているという。真夏の暑い時期は避暑に良さそうだなあ。

洞窟内部は、これぞ鍾乳洞とでもいったおどろおどろしい雰囲気。壁面や天井には水流による浸食の跡が岩棚（いわだな）状に残っている。地面がゴツゴツしており、借りたサンダルのソールが磨り減っているせいか、歩いていると足の裏が少し痛い。

奥へと分け入っていくと、やがて道が途切れた。入口を入って約四百八十メートル地点から先へは水流の中を突き進まねばならない。その名も「奥の細道」という。ここまで来ると携帯の電波も圏外。まさに奥地である。

おそるおそる水の中に足を入れる――結構深い。場所によっては膝ぐらいまであるから、ズボンを多少まくったぐらいでは濡れるのは避けられそうにない。実はこうなることを見越して、持参した短パンに駐車場で穿き替えてきたのだが、大正解だった。すれ違う人に「短パンいいですね」と羨ましがられたぐらいだ。

足元にも、頭上にも注意しつつ慎重に進む。狭い場所では譲り合って。

水は滔々と流れている。ほとんど川のような状態の中、ザブザブ音を立てながら進んでいく。ところどころ難所になっていて、岩をよじのぼったり、狭い穴のような空間を抜けたりする。頭の上には天井から水がポタポタと垂れてくる。

気をつけたいのは、水が途切れる箇所だ。濡れた岩肌の地面は表面がつるつるしており、まるで氷の上を歩くかのよう。実はウッカリやってしまった。見事にツルッと転倒してしまったのだ。結構痛かったし、スマホやカメラが濡れてしまいそうでヒヤッとした。電子機器は水没したらアウトだ。

天然のアスレチックのよう。荷物は車に置いてきて、なるべく軽装で突入したほうがいい。

遡ること一ヶ月前、インドのバラナシへ行ってきたときのことを思い出した。同行者が足を滑らせて、ガンジス河にポチャンと落ちてしまうという事件があったのだ。ヒンドゥー教徒にとっては聖なる河であるものの、異教徒からすれば中へ入るには抵抗を覚えるような水質であることは旅人の間では有名な話だ。

鍾乳洞の内部の水は透き通っており、そういう意味ではガンジス河に比べて、転んで浸水しても安心はできる。これぞ天然の地下水である。

狭い洞窟内ではあるものの、電灯が設置されているのでライトの類いは不要だ。少しずつ歩を進めていき、最終的にはここから先は明かりがないという場所まで辿り着くとゴール地点となる。

入口からここまでで約九百メートル。千仏鍾乳洞の長さは数千メートルに達しており、まだまだ先へと道は続いているようだが、明かりがない漆黒の闇の世界という感じで、とても中へ入る気にはなれない。「引き返して下さい」と注意書きが掲示されているのを確認し、僕は踵を返したのだった。

04 平尾台 自然の郷

●住所：福岡県北九州市小倉南区平尾台1-1-1
●電話：093-452-2715
●営業時間：9時～17時（3月～11月）10時～16時（12月～2月）
●定休日：火曜（祝日の場合は翌日）
●駐車場：有（約1100台）
●アクセス：JR石原町駅からタクシー15分

熊本県阿蘇郡小国町

05

鍋ヶ滝公園

滝の裏側からも景色を楽しめるとして人気。阿蘇火山の巨大噴火によって堆積した火砕流が滝上部で固い岩となり、その下の柔らかい土砂の層が浸食されることでいまの形に。滝の裏は10メートル以上奥まで削られており、歩いて対岸へ渡れる。

●住所：熊本県阿蘇郡小国町黒渕（カーナビを利用する場合、「坂本善三美術館」をセット。そこから案内看板に従い2分）
●電話：0967-46-2113（小国町役場 情報課）
●時間：9時～17時（最終入園16時30分）
●料金：300円　●駐車場：有
●アクセス：JR阿蘇駅からバス1時間→タクシー15分

長崎県諫早市

06

フルーツバス停

知らないで通りかかったなら、きっとギョッとするはずだ。諫早市の国道207号線上には、フルーツをかたどったバス停が設置されている。イチゴ、メロンなど全5種類、計14箇所でいずれも大変絵になる。ある意味、究極の「映え」スポットだ。

●住所：長崎県諫早市小長井町国道207号線
●電話：0957-22-1500（諫早市役所 生活安全交通課）

佐賀県武雄市

07

御船山楽園

岩肌を露わにした山の麓に、15万坪にも及ぶ広大な回遊式庭園が広がる。四季折々の自然が楽しめるが、狙い目は春のツツジが咲く頃。すり鉢状の斜面を赤やピンクの花々が埋め尽くし、まるで花の絨毯。行く前に開花状況をチェックして。

●住所：佐賀県武雄市武雄町大字武雄4100
●電話：0954-23-3131
●アクセス：JR武雄温泉駅からタクシー5分

大分県豊後高田市

08

真玉海岸（またまかいがん）

沈まんとする太陽に照らされた干潟が、美しい縞模様を浮かび上がらせる。潮の満ち引きを調べたうえで、夕暮れどきが干潮になるタイミングを狙って訪れたい。見られる条件が厳しいからこそ、この目にできたときの感動が大きなものになる。

●住所：大分県豊後高田市臼野・真玉海岸
●電話：0978-22-3100（豊後高田市観光協会）
●時間：干潟の夕陽の見ごろ日・時間などは「豊後高田市公式観光サイト」などにて要確認
●駐車場：有　●アクセス：JR宇佐駅からタクシー30分

福岡県糟屋郡篠栗町

09

米ノ山展望台

博多湾を一望できる穴場の展望台。離合必至の狭い山道を上りきると、パッと視界が開ける。頂上の縁ぎりぎりまでクルマで入れる点も特筆すべきだ。標高は600メートル弱。ロマンチックな夜景がカップルに人気だが、昼間の眺望も素晴らしい。

●住所：福岡県糟屋郡篠栗町若杉209
●電話：092-947-1217（篠栗町役場 産業観光課）
●駐車場：有
●アクセス：JR篠栗駅からタクシーで約30分

第2章　祭り・文化・温泉

10

山鹿灯籠まつり

千人の女性がつくる〝巨大な光の輪〟に圧倒される！

熊本県
山鹿市

「まるでマスゲームみたい？」

写真を見て、最初に抱いたのはそんな感想だった。

中央に立つ櫓を囲むようにして、光の集合体が巨大な輪を形成している。暗闇の中で浮かび上がるその光の正体は、女性たちが頭に掲げた灯籠なのだという。しかも、参加人数が千人規模というから想像を絶する。その名もずばり、千人灯籠踊り。

どちらかといえば、知る人ぞ知るお祭りといえるだろうか。福岡出身で旅行会社で働いている友人に聞いても「知らない」と言われたぐらいだ。僕自身も比較的最近になってその存在に気がついた。世界は広く、日本もまだまだ奥が深い。

「こんなものすごいお祭りがあったとは！」

と、素直に驚いた。これは是が非でも観てみたい、と訪問を決めたのだ。

祭りが開かれるのは熊本県山鹿市。肥後と豊前を結ぶ街道沿いの温泉宿場町として栄えたところで、豊富な湯量を誇る温泉地でもある。歴史の風情が漂う街並みと温泉という組み合わせ——祭りの舞台としてはこれ以上ないほどに魅力的だ。

毎年八月十五日、十六日の二日間にわたって「山鹿灯籠まつり」が開かれる。いわば伝統的な夏祭りの一種といえるだろう。初日は花火大会なども実施されるが、お目当ての千人灯籠踊りが行われる二日目の夜を狙って訪れた。

お祭りを目的とした旅だと、とくに気になるのが天気だ。雨天決行だったとしても、やはり雨の中だとテンションが下がる。まあでもきっと大丈夫でしょう、と何の根拠もなく楽観視していたのだが、日没が近づくにつれて空は灰色の雲に覆われ始め、やがて小雨がぱらついてきたから愕然とした。

最悪、中止もあり得る状況の中、祈るような気持ちで会場へと歩を進めた。千人踊りが開かれるのは地元小学校のグラウンドだ。中学校や高校ではなく小学校というので、意外と小さなところでやるんだなあと思っていたら、とんでもなくでかいグラウンドで呆気に取られた。九州の小学校ではこれが普通なのだろうか。

会場は全体にブルーシートが敷かれていた。地面がぬかるんでしまわないよう、雨対策のためなのだろうが、かえって不安を助長する光景だ。雨足が少しずつ早くなってきて、みんな傘を差し始めた。果たして無事開催できるのか。

山鹿市内の電柱には、さりげなく金灯籠のオブジェが飾られていた。街のシンボルなのだろう。

千人灯籠踊りの開催予定時刻は二十時だが、前座として十九時十分からは子どもたちによる灯籠踊りが行われることになっている。ところが、雨を理由に、その開始時刻を十九時二十五分に変更するとアナウンスが流れた。

「山鹿の金灯籠は和紙と糊だけで作られているため湿気に弱く、雨に濡れると破損してしまいます。天候次第ではやむを得ず中止となる可能性もありますので……」

そんな補足もあったが、これがフラグになりそうで内心ビクリとした。

子どもたちによる灯籠踊りは予定よりも十五分遅れで始まった。無事行われたことにホッとすると同時に、その光景を一目見てガッカリもさせられた。少女たちが頭の上に乗せている灯籠には、なんとビニールがかかっていたのだ。

なるほど、あれならなんとか濡れずに済む。けれど、見た目の美しさは半減だ。水濡れ厳禁だから仕方ないこととはいえ、落胆したのも正直なところだった。

パフォーマンスを終えた子どもたちが退場すると、いよいよ本番だ。アナウンスが流れる中、浴衣を着た女性たちが長い列になって会場に続々と入場してくる。

この入場シーンの時点でもう圧巻だった。なにせ、千人もいるのだ。列は延々と続いており、いつまでも終わりそうにない。大人数とはいえ、誘導がしっかりしているのか、とくに混乱することもなく各自が持ち場へと配置されていく。やがて、ぐるりと円形の渦のようなフォーメーションができあがった。

最大の懸念事項だった雨についてだが、心配は杞憂に終わった。女性たちが頭の上に乗せている灯籠にはビニールがかかっていなかったのだ。気がついたら雨も上がっていた。無事、千人踊りが決行される。土壇場になって大逆転。ああ、よかった。

続々と入場してきた女性たち。お揃いの浴衣に団扇という組み合わせもいい。

初めてこの目にした千人踊りは、優雅だなあという印象を持った。踊りといっても激しさはまったくなく、動きはゆったりしている。言葉のイメージとしては、ダンスではなく舞踊といった感じ。

踊り子の女性たちも妙に落ち着いて見える。冷静に観察してみると、誰一人笑っていないことに気がついた。表情を変えずに、黙々と身体を宙に彷徨わせる。これだけの大人数なのに、手足の動きはピッタリ息が合っていることにも感心させられた。

写真で見て想像していた通り、まさにマスゲームのようなのだが、これはれっきとした神事である。それも、かなり由緒正しいものなのだと、この地に来てわかった。由来に関しては諸説あるが、有力なのは次のような説だ。

約二千年前に景行天皇が九州を巡幸していたときのこと。この地を通りかかった際に深い霧が立ちこめ進路を阻まれた。そこで里人たちが松明の明かりを灯して、お出迎えしたことが、山鹿灯籠まつりの始まりなのだという。小学校に隣接する大宮神社は景行天皇を主祭神としており、祭りはその神事として行われている。

BGMとなる音楽が妙にエキゾチックで、中国など大陸の民族音楽を彷彿させられた。これは「よへほ節」といって、温泉宿場町の座敷歌としてこの地で生まれたものなのだという。ときおり「チリリンチリリ～」

桟敷席から降りて踊りの輪のそばで見学してみる。手足の優雅な動きに思わずウットリ。

闇夜に光の輪をつくる千人灯籠踊り。できれば高い位置から俯瞰で観たい。

と風鈴のような音が入るのだが、それが妙に雅な雰囲気を醸し出している。

お祭り見学は自分の旅でも主要なテーマで、割と積極的に日本各地を巡っているが、お祭りを狙う場合には、それがどんなお祭りなのかに加えて、どのように観覧するのかを真っ先に確認するようにしている。ただ観るだけなのか、それとも参加できるのか。観るだけだとしても、沿道から観るのか、桟敷席が用意されるのか。ほぼ一発勝負なので、計画段階でイメージをある程度膨らませておいたほうが失敗が少ない。

この点、山鹿灯籠まつりに関しては、桟

敷席から眺めるのが良さそうだ。千人規模のマスゲームライクな舞踊だから、高い位置からでないと全体像は観られない。

千人踊りでは、会場を照らす色が変化するのも特徴的だ。女性たちが着ている浴衣が白色で統一されているため、照明の色によって会場全体の色調が大きく変わる。巨大な輪が見事にブルー一色に染まったりして、幻想的なさまに酔いしれた。

考えたら、千人もの踊り子たちが全員女性というのもユニークだ。千人踊りでは出番はないものの、男性は男性で別に役割がある。まつり期間中は各町内ごとに制作した灯籠が展示される。灯籠といっても、千人踊りで頭に付けている金灯籠とは違い、こちらは神社などを立体的に模したもので、サイズも大きい。

灯籠を神輿のようにして担ぎながら、大宮神社を目指す。上がり灯籠は男性の役目だ。

大宮神社の燈籠殿。奉納された灯籠はここに展示される。精巧なつくりに驚かされた。

本物さながらの精巧なつくりで驚かされるが、材料はやはり和紙と糊だけで中身は空洞だ。つまり、ペーパークラフトの一種と言えそうだが、あくまでも伝統工芸品である。作るのは灯籠師と呼ばれる専門の職人で、現在活動しているのは九名とのこと。

この大きな灯籠を、まつりのクライマックスで大宮神社へ運んで奉納する。「上がり燈籠」と呼ばれるこの儀式を担当するのが男性たちだ。千人灯籠踊りが終わって街中へ繰り出すと、神輿を担ぐようにして灯籠を運ぶ集団に何度か出くわした。

奉納された灯籠は、神社の境内に設けられた燈籠殿に置かれ、翌年のお祭りまでの一年間ここに展示される。灯籠として作られるモデルとなる神社は、いずれも全国各地に実在するものだ。たとえば関東なら茨城の筑波山神社や、秩父（ちちぶ）の三峯（みつみね）神社などが作られていて、なかなか渋いセレクションだと感じた。毎年約三十基の山鹿灯籠が奉納されるのだそうだ。

おもしろいのは、これら展示された神社型の灯籠は、所定の初穂料を納めれば譲ってもらえるということ。

「所定の初穂料っていくらぐらいなんだろう」

そんな下世話な疑問が頭をよぎったが、具体的な金額がちゃんと掲示されていた。神社タイプの灯籠（宮作り）は大きいものが十万円、小さいものが五万円とのこと。安くはないが、クオリティからすれば高くもない。ただし、お金を納めればすぐに持って帰れるわけではなく、引き渡しは八月上旬になるのだそうだ。

なお、燈籠殿拝観者の中から毎年一名に金灯籠が当たるという企画も行われていた。タダでもらえるのな

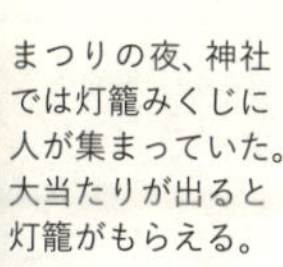
まつりの夜、神社では灯籠みくじに人が集まっていた。大当たりが出ると灯籠がもらえる。

らと、もちろん申し込み用紙に記入した。抽選は翌年のまつり当日に行われるそうだ。当たったらうれしいけど、置く場所に困りそうだなあ。

10　山鹿灯籠まつり（千人灯籠踊り）

●住所：熊本県山鹿市山鹿351
（山鹿小学校グラウンド）
●電話：0968-43-1579
（山鹿市商工観光課）
●時間：20時～21時（開場18時30分）
●開催日：8月16日
（「山鹿灯籠まつり」は山鹿市街地にて15日・16日開催）
●料金：観覧席3000円から
●駐車場：有
●アクセス：JR新玉名駅からバス50分

11

唐津(からつ)くんち

ユネスコ無形文化遺産にも登録された歴史ある祭りへ──

佐賀県
唐津市

福岡市内からは意外と行きやすいのが唐津だ。地下鉄の空港線がＪＲ筑肥線に乗り入れており、福岡空港や博多からは乗り換えなしの一本。時間はそれなりにかかるものの、電車に乗り続けていればいずれ辿り着くのは気楽でいい。

終点は西唐津駅だが、栄えているのはその一つ手前の唐津駅のほうだ。名護屋城跡（256ページ）を訪れた際もこの駅で降りたが、そのとき気になるものがあった。駅前のロータリーに立つ赤獅子の像である。いかにも街のシンボルといった感じの堂々としたたたずまいで存在感がある。

唐津神社で毎年秋に行われる例大祭は、その名も「唐津くんち」と呼ばれ親しまれている。ユネスコの無形文化遺産にも登録され、全国的な知名度も高い。駅前に立つ赤獅子はそう、この唐津くんちで巡行する曳山を模した像だ。

「像ではなく、本物が見てみたいなあ」

と考えるのはもはや旅人の佐賀、いやサガであろう。調べてみると、唐津くんちが行われるのは毎年十一月二～四日の三日間、なんとラッキーなことに我が家の福岡でのプチ移住期間中に行われることがわかった。

これもきっと何かの縁と、僕は再び唐津へと向かったのだ。

さすがは佐賀を代表するほどの有名なお祭りだ。唐津駅は前回来たときとはうって変わって激しく混雑していた。

時計を見るとすでに曳山巡行が始まっている時間だが、逸る気持ちを抑えてまずは情報収集を試みる。改札を出たところに観光案内所があって、巡行コースを紹介する地図を配っていたので一枚いただいた。

なかなか豪華な地図で、裏面にはすべての曳山が写真付きで紹介されている。数えてみると、全部で十四台。つくられた順に番号が振られており、一番曳山は駅前に像が立っている赤獅子だと分かった。完成したのは一八一九年。逆に最も新しい十四番曳山の七宝丸が一八七六年につくられている。十四台すべてが十九世紀のうちに登場しており、唐津の曳山は二百年にも及ぶ歴史を持つ。

地図には巡行ルートが記され、いくつかのポイントに曳山が通過する時刻の目安が書かれている。これを参考に街へと繰り出すと、目抜き通りの入口付近に見物客がたまっていて、それ以上先へ進めなくなった。笛や太鼓の音がピーヒャラドカドカ聞こえてくる。ちょうどまさに曳山が通っている瞬間のようで、人だかりの向こうにわずかながらに曳山のシルエットが見えた。

全14台の曳山の中でも、個人的にとくに気に入ったのが五番曳山の「鯛」。

休憩するなら駅近くの「ふるさと会館アルピノ」で。
飲食コーナーも用意されている。

三番曳山の「亀と浦島太郎」は、ほかと違い人形が
飾られた曳山で異彩を放っている。

すぐそこにいるのに見られないとなると、もどかしい気持ちになる。あきらめていったん引き返し、ぐるりと迂回しながら先回りしてみる。この作戦は大成功で、通りから少し離れると歩道の最前列も結構空いていた。巡行コースは結構長いので、混んでいる場合には素直に場所を変えてみるといいようだ。

とりあえずは旧唐津銀行の前あたりで待機する。赤レンガ造りの古びた建物は雰囲気があって、曳山の写真を撮る際の背景に良さそうに思えたからだ。この手のパレード系のお祭りを撮影する場合、山車や人などの被写体だけでなく、バックにどんな景観を入れ込むかを意識するとより素敵な写真が撮れる。

予想した以上の人出だが、この年はたまたま金土日と週末に重なっていた影響もあるのだろう。ちなみに訪れたのはお祭り二日目の土曜。なぜこの日を選んだかというと、唐津くんち最大の見どころとされる「曳込み」が行われるからだ。

市内を巡行した曳山は最終的に「西の浜お旅所」へやってくる。大層立派な名称なのだが、行ってみたらそこはなぜか学校だった。閉校した小学校だそうで、古びた校舎の前に人が集まっている。

楽しみにしていた曳込みだが、一言でいうと次のような感想だ。

「なんだか運動会みたいだなあ……」

到着した曳山は一台ずつ順にお旅所へと入ってくるのだが、お旅所は地面が砂地のため上手く曳き込まないと車輪がスタックしてしまい動かなくなる。

大通りだけでなく、細い路地のようなところも曳山の巡行コースになっている。

「エンヤー、エンヤー」

という勇ましいかけ声と共に、各町内の男たちが綱を引っ張る。見た目はほとんど運動会の綱引きである。会場が学校のグラウンドのようなところなので、なおさら運動会をしているかのように見える。

曳込みは曳山ひとつずつ順に行う。各々が違ったやり方でパフォーマンスを繰り広げる。アナウンスによる解説も入る。なんだか学年ごとの出し物みたいだ。

「ヨイサー、ヨイサー」

かけ声に決まりはないのか、そんな風に声を出している曳山もあった。

ひとつの曳山が登場してから最終的に所定の位置で停止するまでにだいたい七〜八分と結構長い。全部で十四台もあるから、かなりの時間がかかりそうだなあと思ったが、後半になるにつれパフォーマンス時間が短縮された。

「押し気味なので、巻きでお願いします」などと指示があったのだろうか。

最後の曳山が無事お旅所内に入ったところで小休止となった。十四台の曳山がずらりと並ぶ。曳山をゆっくり見学できるチャンスだ。

曳込みを終えた14の曳山がずらりと並ぶさまは圧巻。写真を撮るのに絶好のチャンスだ。

曳山のモチーフには傾向があって、獅子形が四種、兜形が四種、船形が二種、魚形が二種と、似た形の色違いみたいな感じになっている。ダブっているのが計十二種類、残りの二つは「亀と浦島太郎」「飛龍」というほかとは違うタイプの曳山になっている。

いずれも個性的な造形をしているので、見物客は各自で密かに好みの曳山を選ぶ楽しみもある。写真に撮ったときに絵になるのはやはり獅子形だが、個人的には魚形も気になった。とくに鯛は上下にカクカク動くのが可愛らしい。

江戸から明治初期に作られたとは思えないほど、どの曳山も見た目は綺麗だ。きっと補修しているのだろうなあと想像していたら、

「金獅子は総塗り替えが完了したばかりです」

というアナウンスがまさに流れた——と思ったらそれは間違いで、

「申し訳ありません、金獅子ではなく飛龍の間違いでした」

と訂正された。あれれ。

この飛龍は韓国で開かれた麗水万博にも出展し、大歓迎されたのだという。麗水へは以前に訪れたことがあるが、韓国南部の沿岸部の街だ。唐津は秀吉の朝鮮出兵の拠点となった場所。半島とは因縁も深いこの地の文化が、いまでは海の向こうで受け入れられているという事実が興味深い。

曳込みが完了したのはだいたい十三時半頃で、この後は十五時から曳出しが行われる。最後まで観たい気もするが、時間の限られた半日旅だ。帰りの電車が混みそうだし、次の予定もあるので潔く退散したのだった。

11 唐津くんち

- 住所：佐賀県唐津市新興町2935-1（唐津観光協会）
- 電話：0955-74-3355（唐津観光協会）
- 開催日：11月2日・3日・4日
- アクセス：JR唐津駅より徒歩5分 臨時駐車場からシャトルバス運行あり

12

嬉野温泉

シーボルトも愛した名泉でほっこり癒される

佐賀県
嬉野市

温泉は大好きだが、温泉だけを目的に旅するほどの愛好家ではない。温泉地を旅行する場合にも、できればお湯以外のお楽しみ要素も欲しい。そんな我が儘な欲求を満たしてくれそうなのが嬉野温泉だった。

嬉野といえば温泉に加えて、もうひとつ全国的に知られた存在があるからだ。

それは、お茶である。

JAさがによると、佐賀県または長崎県において生産された原料茶を百パーセント使用し、仕上げ、加工したお茶を統一銘柄「うれしの茶」とするのだという。嬉野茶という漢字表記ではなく、あえて平仮名となっているのが特徴的だが、このほうがより親しみ深い雰囲気が出るような気がする。

長崎自動車道を西進し、嬉野へ向かった。小城PAを過ぎたあたりで毎回感じるのだが、車窓の風景が実家のある北海道の道央自動車道に似ている。高台につくられた高速道路で、眼下に街並みや海が一望できるのが共通点だ。

嬉野が位置するのは長崎との県境近く。なだらかな山間部で昼夜の温度差があるところや、日照量といった条件的にもお茶の栽培に適しているのだという。

嬉野インター出入口に近い交差点には、巨大な円形のアーチがかかっていて目を引く。

温泉へ入る前にまずは、茶畑を観に行くことにした。お茶そのものにも惹かれるが、自然の中でお茶が育まれる光景にも興味を覚える。

傾斜地にカマボコのような形をした茶畑が段々状に並ぶさまは美しく、日本ならではの絶景だと思うのだ。牧之原や宇治など、全国のお茶の産地を訪ねては写真に撮りまくったりしている。果たして嬉野の茶畑はどうか——。

街から離れ、山の中へ分け入っていくと、やがてポツポツと茶畑が現れ始めた。気になる風景の場所では路肩に停車してカメラを向けつつ、さらに奥へとクルマを走らせる。

茶畑見学のニーズがどれぐらいあるのかはわからないが、嬉野では小さいながらも観光客向けの駐車場が整備されていた。「嬉野の大チャノキ」といって、大きな一本のお茶の木が観光名所になっているのだ。樹高約四メートル、枝張約十二メートルとかなりのビッグサイズで、推定樹齢は三百六十年。国の天然記念物にも指定されているというオバケ茶樹はなかなか見応えがある。

嬉野におけるお茶の由来について、石碑に解説が書かれていた。いわく、この地で初めてお茶を製したの

嬉野へ来たら見ておきたい大チャノキ。木のまわりをぐるっと一周しながら見学できる。

街中に設置されたオブジェが、ここがお茶の名産地であることをアピール。

は一四四〇年のことというから結構古い。その後、中国式の釜炒り製茶技術が伝えられ、江戸時代になって茶葉の栽培が始まる。

　独特の丸みを帯びた茶の形状から、うれしの茶は玉緑（たまりょく）茶（ぐり茶）と呼ばれる。葉の緑色に艶があり、香りや旨みが強い。お茶を入れる際、急須の中でゆっくりと開きながら旨みを抽出していくため、時間の経過と共に香りや味が変化していくところも大きな特徴だ。

　いちおう観光地とはいえ、大チャノキ周辺には民家が点在しているだけでほかには何もない。試飲できる場所や、直売

シーボルトの湯は街のランドマーク的存在。すぐそばには大きなコインパーキングもある。

所のようなものを期待したのだが……。お土産が欲しいなら街へ戻る必要がある。今回は帰りに「お茶ちゃ村」という店へ立ち寄り、お茶をいくつか購入したのだった。

さて、ここからはお待ちかねの温泉の話になる。

嬉野温泉に関しては『肥前国風土記』にも記され、古代からその効能が伝わってきた。江戸時代には佐賀蓮池（はすのいけ）藩の藩営浴場になり、湯治場には長崎出島のオランダ商館長と共にあのシーボルトも訪れている。

街の中心部には、その名も「シーボルトの湯」という公衆浴場があってまずはここを訪れた。西洋風の建物は大正ロマンの雰囲気を漂わせるが、オープンしてまだ十年も経っていないそうで、内部は近代的でとても綺麗だ。

入浴料は大人四百二十円と良心的な設定である。どちらかといえばローカル向けなのか、僕が行ったときは観光客は自分だけのようだった。きっとお互い顔見知りなのだろう。見るからに近所のおじさんたちといった風貌の男たちが、浴槽のヘリに腰掛けながら談笑していた。

とはいえ、それも男湯だったからかもしれない。嬉野温泉は日本三大美肌の湯に数えられる。どちらかといえば、女性が好みそうな旅先なのだ。

温泉街から近い豊玉姫（とよたまひめ）神社へ立ち寄ったら、そのことをさらに実感した。ここはなまずを祀るといういささか変わった神社で、境内にはなまずの像が置かれている。なまず様は美肌の神様である豊玉姫のお遣いだそうで、女性の参拝客が手を合わせていた。

嬉野の温泉街は見どころが割とコンパクトにまとまっており、湯上がりに散歩するのに手頃なサイズ

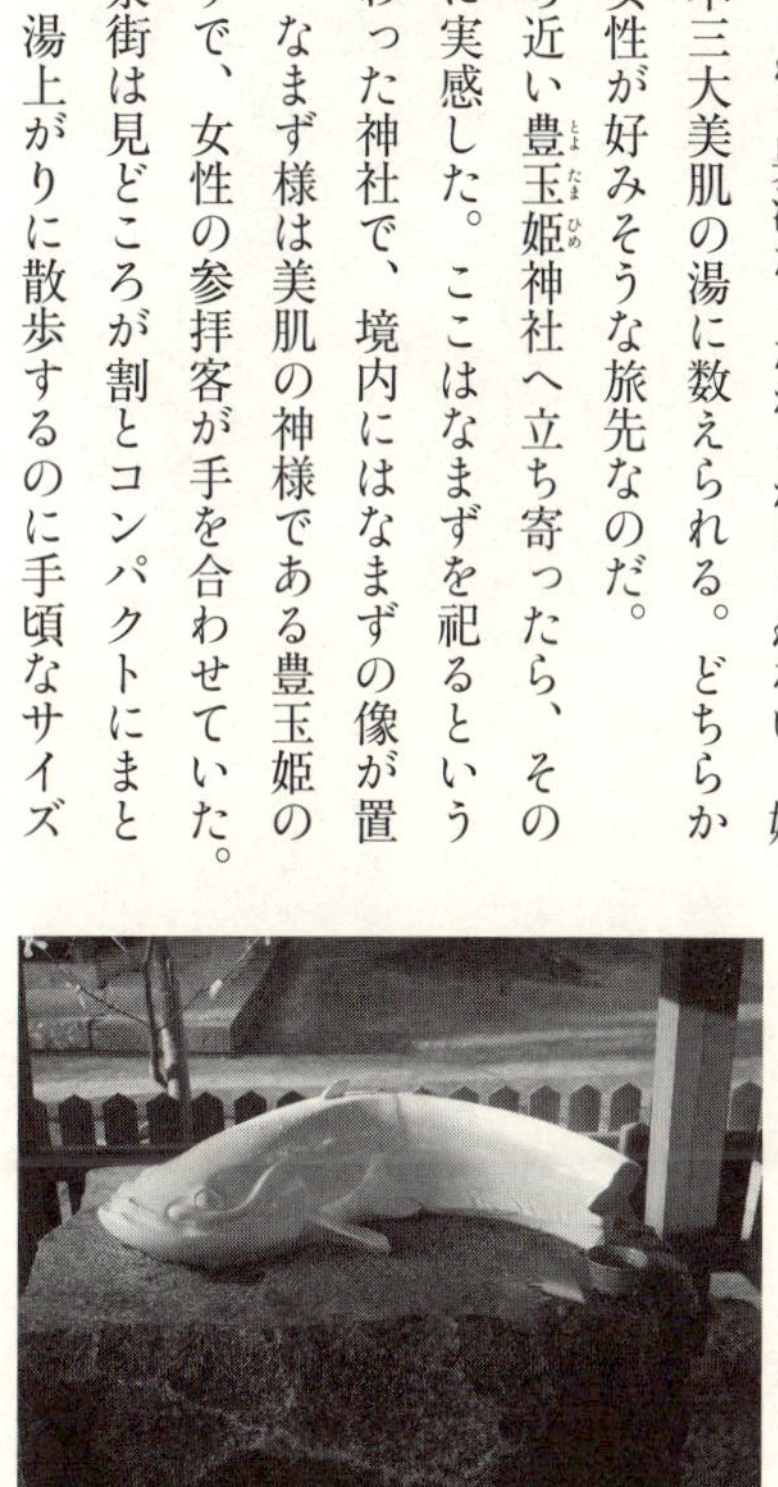

豊玉姫神社のなまず様は美肌の神様のお遣い。柄杓で水をかけ、二礼・二拍手・一礼をしてお参りする。

湯宿広場のあし蒸し湯でリラックス。温泉街ならではの立ち寄りスポットだ。

感なのもいい。川のせせらぎに癒されながらゆるゆると橋を渡ってみたり、小さな雑貨屋でみかんを買って皮をむきむきしてみたり。

交差点の角に広場があって、見るとみんなが足湯に浸かっていた。「湯宿広場」というそうで、誰でも無料で利用できる。自分も真似して足を入れてみたが、足湯の隣に設置された「あし蒸し湯」が気になった。天然の温泉水を特殊技術でナノミストにして、それをお湯の代わりに用いた足浴である。円形の台座を囲むようにして椅子が置かれ、その下に足を入れる穴が開いていた。浸透力に優れており、あたたまり方が早く、温もりが長く続くのだそうだ。

　せっかく来たのでもう一箇所、お風呂へ入ってみた。「和楽園（わらくえん）」という旅館の露天風呂で日帰り入浴も行っている。これが大変ユニークな温泉だった。なんとお茶入りのお風呂、つまり「お茶風呂」なのだ。日本茶には殺菌・消毒作用があり、皮膚病等の予防に効果があるのだという。

　湯船の脇にはお茶のティーバッグが置かれ、自由に使っていいと書かれている。湯船に浸すと爽やかな香りが漂ってきた。そのまま肩の上に置いてみる。肌触りもよく、なるほどこれは美肌効果がありそうだなあと納得したのだった。

12 嬉野温泉（シーボルトの湯）

- ●住所：佐賀県嬉野市嬉野町大字下宿乙818-2
- ●電話：0954-43-1426
- ●営業時間：6時〜22時（入場は21時30分まで）
- ●定休日：第3水曜（祝日の場合は、翌日）
- ●料金：420円
- ●駐車場：有
- ●アクセス：JR武雄温泉駅からバス25分（バスセンターまで）

13

「日本新三大夜景」と拍手喝采の船内アナウンス

北九州夜景観賞クルーズ

福岡県
北九州市

長崎市、札幌市に次いで、北九州市が「日本新三大夜景」の一つに選ばれたと聞いて興味を覚えた。大変失礼ながら、いささか意外な印象を受けたのも正直なところだ。それら三都市の中で、夜景の名所としての全国的な知名度を比較すると、同地は一歩劣る気がする。

——長崎や札幌に匹敵するほどなのか！

と、驚いたわけだ。同時に、旅を思い立つ動機にもなった。これはこの目で確かめるしかないと、行ってみることにしたのだ。

北九州市の夜景は、「工場夜景」であることが大きな特徴といえる。日本屈指の工業地帯が夜空の下ライトアップされるのだが、観光地ではないため工場の中へ入るというわけにもいかない。

そこで実施されているのが、「夜景観賞クルーズ」だ。ナビゲーターによる解説を聞きながら、船上から工場夜景を楽しめるもので、毎週土日に開催されている。夜景ならば、夜だけでも楽しめるから、出遅れた週末の半日旅にもうってつけといえそうだ。

夜景観賞クルーズが発着するのは門司（もじ）港と小倉港の二箇所。それぞれでコースが異なっており、門司港発のクルーズでは工場夜景に加えて関門（かんもん）海峡も巡る内容なのだが、所要時間は小倉港発のほうが長い。今回は小倉港発のクルーズに参加した。

指定された乗船場所は、普段は馬島（うましま）・藍島（あいのしま）行きの市営渡船が発着している場所で、JR小倉駅北口から歩いて十分もかからない近距離に位置する。前もってオンラインで予約をしていたので、受付でその旨を伝えて料金を支払い、切符を受け取った。ちなみに入船料は大人一人あたり二千五百円だ。

乗り込んだ船は、一階部分に客席、二階部分がオープンエアのデッキという構造になっていた。航行中は風がビュービュー吹き付けるので結構寒い。にもかかわらず、目的が夜景観賞だから大半の客はデッキへと上がっていたのが印象的だ。

写真の船で夜景観賞に出発した。2階部分が展望デッキとなっている。

訪れたのは十月中旬で、気温は十九度だったが、体感温度はもっとずっと低いと感じた。夜景観賞といえばやはり冬がベストだろうが、これ以上寒いとなると覚悟が求められる。なお、十月〜三月の冬期は出港時間が夏期より三十分早くなる。日没時間が早いためだろう。いずれにしろ、長時間外で寒風にさらされるため、しっかり防寒対策したいところだ。

出港するやいなや、船内アナウンスでナビゲーターによる解説が始まった。これが立て板に水といった感じの滑らかなトークで、聞いていてぐいぐい引き込まれる。

「新幹線の駅から一番近いスタジアムです。ギラヴァンツ北九州というサッカーチームのホームなのですが、チームは低迷しており、最弱などと言われています」

たとえば、小倉港近くのミクニワールドスタジアム北九州についてはそんな風に説明してくれた。ちょっとしたトリビアを披露してくれたり、ユーモアを交えながら語ってくれるので飽きずに聞いていられる。

配布されたコースマップには計十四のスポットが紹介されていたが、中でも大きな見どころとなるのは若戸大橋、八幡製鉄所、三菱化学の三箇所だという。

船が若戸大橋の真下を通過する瞬間はまさしく序盤のハイライトだった。光り輝く巨大な吊り橋をくぐって、工場地帯が密集するエリアへと進路を向ける。

やがて見えてきたのが、かの有名な八幡製鉄所だ。国会議事堂の骨組みや、新幹線のレールなどもすべてここで作られている。近年、世界遺産に登録されたことで注目を集めた。実は僕も観に行ったことがあるのだが、現在も稼働中のため施設の見学は原則不可で、旧本事務所の建物を遠目から眺めるだけだった。旅行者のクチコミなどでは、いわゆる「ガッカリ遺産」であるなどと揶揄されているほどだ。

とはいえ、こうして船上から夜景として望むと、また違った印象も受ける。オレンジ色の光に照らされた製鉄所は、暗闇の中でもそこだけ存在感を放っている。工場夜景で

若戸大橋の下をくぐり抜けると、いよいよ工場地帯へと入っていく。

は、光の色でそこがどんな施設なのかがある程度判別できるのだという。製鉄所はこの種のオレンジ色で、ほかにはたとえば石油コンビナートは白色が多いのだとか。

水路は三菱化学のあたりで行き止まりとなり、引き返す形となる。ところどころ、工場の煙突から煙がモクモク上がっていたりする。

「かつては公害の街として名を馳せましたが、現在出ているのは百パーセントに限りなく近い水蒸気ですのでご安心ください」

百パーセントではないってことは、少

しは出ているということか……などとついひねくれた見方もしてしまったのはここだけの話だ。

帰路で接近してくれた「北九州アイアンツリー」が今回のクルーズでとくに強いインパクトを受けた。高さ二百五メートルの煙突は北九州工場夜景のシンボルであり、市制五十周年を記念して市民協賛によりライトアップしたものだ。

最後にクルーズ全体を通じての率直な感想を述べると、思っていたよりもマニア向けという感じがした。日本新三大夜景などと聞いて、煌びやかな世界を想像していたのだが……。誤解を恐れずにいえば、案外地味なのだ。

見どころとされる場所では写真撮影のために船が減速してくれるのだが、それでもぶれずに撮るのはなかなか難しい。夜景とはいえ、光量が圧倒的に足りないのだ。陸地でも綺麗に撮るなら三脚が必須だろう。そんなことを考えていると、

「みなさん楽しめましたでしょうか？　パンフレットで見るのとは違って、実際には工場夜景というのは、そこまでキラキラはしていませんので……」

と、こちらの心境を慮ったかのようなアナウンスが流れたのでハッとした。過大アピ

北九州アイアンツリー。ちなみに夏のクルーズだと往路はまだ明るいため、行きと帰りで違う景色が観られるのだとか。

※アイアンツリーの解体に伴い、照明器具はミクニワールドスタジアム北九州の南側へ移設予定

ールはせずに、本音で語ってくれるところに改めて好感を抱く。

計百十分という長丁場のクルーズで、最初から最後までほとんどノンストップで解説をし続けてくれたナビゲーターに、最後は拍手喝采が起こった。まるで誰かの講演会を聞きに来たかのような満足感が得られたことは特筆しておきたい。

一言で夜景と言ってもその内容は千差万別である。街明かりではなく、工場夜景という点がやはり大きな違いになるのだろうと思った。パッと見の派手さこそないものの、その成り立ちも踏まえたうえで眺めると、あれこれ考えさせられるものがあるのだった。

13 北九州夜景観賞クルーズ【小倉港発】

- 住所：福岡県北九州市小倉北区浅野3-9-1（市営渡船［馬島・藍島行］乗り場）
- 電話：093-331-0222
- 営業時間：9時～17時
- 運航日：第1～3、5週の土曜・日曜
- 料金：2500円
- アクセス：JR小倉駅より徒歩8分

大分県玖珠郡九重町

14

寒の地獄温泉

三俣山の裾野に湧き出る冷泉は、その名の通り「地獄」を体験できる。温度は13~14度で、何分入っていられるか我慢比べだ。身体が震えてきたら、別室で暖房にあたって温まる——これを何度か繰り返すのだが、あまりの冷たさに即ギブアップ。

●住所：大分県玖珠郡九重町田野257
●電話：0973-79-2124（寒の地獄旅館）
●営業時間：9時~16時（冷泉）
●定休日：水曜　●料金：700円　●駐車場：有
●アクセス：JR豊後中村駅からバス55分→徒歩10分

長崎県東彼杵郡波佐見町

15

波佐見焼（はさみやき）

我が家の食器類のうち、日常使いしているものの大半は波佐見焼だ。シンプルで飽きがこない、かといって平凡でもない絶妙なデザインが日常生活を豊かに彩る。オススメは「白山陶器」の本社ショールーム。「やきもの公園」も見学したい。

白山陶器本社ショールーム
●住所：長崎県東彼杵郡波佐見町湯無田郷1334
●電話：0956-85-3251　●営業時間：9時～16時
●定休日：日曜　●駐車場：有
●アクセス：JR有田駅からタクシー15分

福岡県糟屋郡新宮町

16

相島（あいのしま）

「猫の島」として各観光誌で掲載中。新宮から船で20分弱と、島旅としてはお手軽だ。下船した途端に可愛らしい猫たちに囲まれた。事前に遭遇できそうな場所を調べていったのだが、そこらじゅうにいるので予習は不要かも。餌付けは厳禁。

●住所：福岡県糟屋郡新宮町湊437-2（相島渡船新宮待合所）
●電話：092-962-0482（相島渡船新宮待合所）
●渡船営業時間：ホームページなどにて要確認
●料金：460円（片道）　●駐車場：有（新宮漁港駐車場）
●アクセス：西鉄新宮駅からバス12分（相島渡船場着）→渡船17分

※料金は令和元年7月時点のものです

長崎県長崎市

17

長崎（ながさき）ランタンフェスティバル

中国の旧正月を祝うための行事が、いまや長崎の風物詩に。新地中華街など異国情緒漂う街並みが極彩色に彩られる。灯されるランタン＝中国提灯は約１万5000個。龍や虎、三国志の武将など多種多様なオブジェが登場。食べ歩きする楽しみも。

●住所：長崎県長崎市 新地中華街、観光通りアーケード、中央公園 他
●電話：095-822-8888（長崎市コールセンター）
●開催期間：旧暦の1月1日から1月15日（ホームページなどにて要確認）
●点灯時間：17時～22時（前夜祭・点灯式の日は18時～22時、金曜・土曜は23時まで、後夜祭は21時まで）
●アクセス：路面電車・新地中華街電停から徒歩3分（新地中華街会場）

※2020年は前夜祭（1月24日）、後夜祭（2月9日）も実施

福岡県京都郡苅田町

18

苅田山笠

お祭りは半月にわたって続くが、メインの「神幸祭」は最終日となる10月の第1日曜。役場前に色鮮やかにデコレーションされた巨大な山車が集まる。山車どうしが勢いよくぶつかり合う「突き当て」は大迫力で、「ケンカ山笠」の通称を持つ。

●住所：福岡県京都郡苅田町富久町1-19-1（苅田町役場）
●電話：093-434-5560（苅田町観光協会内事務局）
●開催日：10月第1日曜日
●時間：ホームページなどにて要確認
●桟敷席料金：前売り券2000円～（観光協会で受付）
●アクセス：JR苅田駅より徒歩15分（苅田町役場）

第3章　グルメ・お酒

19

想夫恋焼〈日田焼きそば〉

表面カリカリ、中もっちり！ 感動の味を求め〝聖地〟へ

大分県
日田市

このお店について知ったのは、福岡でのプチ移住を始めてからのことだった。滞在しているマンションの近くにある日帰り温泉へ行ったときのこと。そのすぐ隣で美味しそうなお店が営業していたから、入浴ついでに食べてみたのだ。

想夫恋——そうふれん？　最初は何て読むのかわからなかった。

ところが、東京から来たばかりの人間には馴染みがない一方で、地元九州では広く知られた存在なのだという。支店の数は四十を超える。焼きそばの専門店であり、発祥は大分県日田市ということまで判明した時点でようやくピンと閃いた。

「そういえば、日田やきそばというのは聞いたことがあるかも」

いわゆるB級グルメと呼ばれるような料理には目がない。中でも焼きそばは大好物の

ひとつで、静岡県の富士宮やきそばや、秋田県の横手焼きそばなどは過去に現地まで食べに行ったりもしている。そんなわけで、自分の中ではおぼろげながらも「日田＝焼きそば」と記憶していたわけだ。

「これはぜひ本場で食べてみたい」と思った。

以上が、日田へと足を運ぶことになったきっかけである。

つまり、焼きそばを目的とした旅だったのだが、ほとんど予習もせずに行ってみると、予期せぬ事態が待ち受けていた。B級グルメとして売り出し中の「日田やきそば」と、想夫恋の焼きそばはどうやら別物らしいのだ。

ＪＲ日田駅前の観光案内所でもらった「日田町歩きマップ」というガイドブックには、「日田やきそば」についてページが割かれており、食べられるお店の一覧が掲載されているのだが、なぜか想夫恋が載っていない。おかしいなあと思いつつ、パラパラめくってみると、別のページに単独で想夫恋が紹介されていた。

この問題、調べれば調べるほど、根が深いものであることがわかってきた。本書はあくまでも旅の本であり、余計な物議を醸すのは本意ではないので詳細についてはあえて書かないでおく。気になった人は検索してみてほしい。

　確かなのは、最初に日田で焼きそば店を始めたのは想夫恋だったということ。考案されたのは昭和三十二年で、六十年以上の歴史を持つ。さらには「日田焼きそば」は同社が商標登録していること。それゆえに、想夫恋以外のお店が「日田やきそば」と平仮名表記になっていること。ああ、ややこしいなあもう……。

　ともあれ、美味しい焼きそばを食べたいという、日田旅行の本来の目的は無事に達成された。想夫恋の総本店へ行ってみたのだ。日田の焼きそばについて語るうえでいわば

JR日田駅前にある観光案内所。電車で来たなら、ここで自転車を借りるのがオススメだ。

想夫恋本店。広い駐車場が埋まっていた。屋根から空高く伸びる看板が特徴的だ。

聖地とも呼べる場所だけあって、わざわざ行く価値はあった。

日田駅からお店までは約一キロの距離。歩いてもギリギリ行けるが、今回は観光案内所で借りたレンタサイクルで向かった。場所は国道二百十二号線沿いで、外見の第一印象は昔ながらの「国道沿いのラーメン屋」といった感じだ。

混みそうなのでお昼前に向かったのだが、早くもお店の外に入店待ちの客がちらほら見られる。こういうとき、一人旅だと席の融通が利くのは便利だ。回転も割と早くて、それほど待たずにカウンター席へ通された。すぐ目の前に鉄板があって、焼きそばを調理している一部始終を眺められるのでテンションが上がった。

メニューを見てみると、焼きそばが八百五十円、大盛だと千百円となっている。一般的な焼きそばの値段と比べて「高い」と思ったのも正直なところだが、価格に見合うだけの内容であることは支店で食べて納得済みだ。少なくとも、一般的な焼きそばとは一味も、ふた味も違う。正式には、その名も「想夫恋焼」というのだそうだ。

店に置かれていた案内に、この想夫恋焼に対する思い入れや、調理するうえでのこだわりぶりが説明されていたので、ここで紹介しておきたい。

まず、麺ともやしは自社工場で製造されている。麺の仕上がりはそのときの温度や湿度、水質に左右されるので、調合を毎日コントロールして一定のコシに保っている。もやしはシャキッとした歯触りを出すために、豆の段階から細かくチェックしている。

最大の特徴はその調理方法だろう。炒めるのではなく、焼いてつくるのだ。結果、表面は焦げ目がついてカリカリ、中はもっちりとした食感が楽しめる。調理に使うヘラと鉄板は同社のオリジナルで特許も取っているというから徹底している。作り置きはせずに、注文に応じてその都度調理する。それゆえ、できるまでに時間がかかるのだが、待つ客としてはそのぶん美味しくなるのならば我慢できる。

たかが焼きそば、されど焼きそばとでもいうべきか。

炒めずに、焼く。カウンター席だと目の前でジュウジュウ作ってくれるのがうれしい。

もやし多めで、豚肉は角切り。鉄板皿で食べられるのも総本店の魅力だ。

見た目には単純そうだが、実は奥が深いのだなあと感心させられたのだった。

目の前で焼いてくれるので、ジュウジュウという焼く音が聞こえてきて食欲がそそられた。完成した焼きそばは鉄板皿に載せられて出てきたが、これは総本店だけだそうで、支店では普通の白いお皿に盛り付けられる。当然ながら、鉄板だとアツアツの状態のまま食べられる。総本店ならではの特典といえるかもしれない。

わざわざここまで来たので、ここはもちろん大盛をチョイスする。トッピングに目玉焼きを載せてみた。さらには欲ばって「ひとくち餃子」まで注文したが、ペロリと完食。焼きそばというと味が濃いせいで、食べているうちに飽きが来たりするのだが、このお店のは不思議としつこくない。やはり、ソースが決め手なのだろうか。

　地方都市で人気の飲食店に入ると、有名人のサイン色紙が飾られていたりする。想夫恋総本店にもまさに置いてあったのだが、帰り際にちらりと一瞥したら気になるサインを見つけた。見覚えのある漫画のキャラクターが描かれていたのだ。

　これは――そう、『進撃の巨人』ではないか！

私塾「咸宜園」のほか、豆田町に残る古い街並みなどが日本遺産に登録されている。

日田は古くから酒造りが盛んだったところ。歴史ある酒蔵を見学するのも楽しい。

あの大人気漫画の作者である諫山創氏は、ここ日田市のご出身らしい。しかも、ご本人による寄せ書きを読んで驚くべき事実が判明した。なんと諫山氏は高校生の頃に、想夫恋でアルバイトをしていたのだという。「使えないバイトでしたが……」などと謙遜しているところに好感が持てる。

日田はかつて天領だったところで、酒蔵などの古い街並みが見どころでもある。せっかくなので、ついでに観光もしてみた。交通量や人の往来がそれほど多くないため、マッタリ散策できるのがいい。

想夫恋で欲ばって食べ過ぎたせいか、お腹がいっぱいで眠たくなってきた。帰りの電車では『進撃の巨人』が無性に読みたくなってしまい、電子書籍で購入して読み漁ったのだが、それはまあ余談である。

19　想夫恋焼〈日田焼きそば〉

想夫恋 総本店
●住所：大分県日田市若宮町416-1
●電話：0973-24-3188
●営業時間：11時～22時
（オーダーストップ21時30分）
●アクセス：JR日田駅から徒歩12分

20

ドライブイン鳥（とり）

有名アニメにも登場する極旨「やき鳥&鳥めし」

佐賀県
伊万里市

旅行以外で好きな趣味はアニメやゲームであると公言してきた。要するにオタクである。アウトドアとインドアというまったく逆方向のジャンルではあるものの、のめり込んだら際限なくエスカレートしがちなところなどは案外共通していたりもする。

近頃は作品の舞台を訪ねる「聖地巡礼」が盛況で、その名も「アニメツーリズム協会」なる団体まで発足したほどだ。いまこの時代に旅について語るならば、もはや外せないテーマのひとつだと思うので、本書でもあえてその手の要素を盛り込んでいる。

グルメに関して扱う本章でなぜこんな話をしているのかというと、実はこれから紹介するお店はまさにアニメの聖地巡礼に関するものだからだ。

最近観たアニメの中でも、個人的にガツンと心を掴まれた作品である。あまりのおもしろさに、全話を見終わった後にすぐ再度一話から見直したほどだ。同じ作品を続けざまに観ることなんて滅多にないのだが、二回観ても飽き足らず、結局円盤（ブルーレイ）まで購入してしまった。自分としては特大級ヒット。正直、ここまでハマるとは思わなかった。

作品名は、「ゾンビランドサガ」。

niconicoが開催する「ネットユーザーが本気で選ぶ！アニメ総選挙 2018年間大賞」において年間大賞にも選ばれている。いわゆる「覇権アニメ」というやつで、結構話題になったので、観ていなくても名前ぐらいは聞いたことがあるかもしれない。

内容について触れるとネタバレになるので控えるが、これぐらいは書いてもいいだろうか。観た影響でやたらと佐賀県へ足を運ぶことになった。アニメの放映が、ちょうど九州での取材を進めていたタイミングと重なったことに運命的なものを感じる。そう、ゾンビランドサガの「サガ」とは「佐賀」のことである。

作中には、佐賀県内の名所がたくさん登場する。本書でも紹介した嬉野温泉のほか、佐賀城や虹の松原といった比較的メジャーな観光地が出てくる一方で、ローカル感漂う名所にも光を当てている。

中でも異彩を放つのが、今回取り上げる「ドライブイン鳥」である。実在する飲食店が実名でアニメ内に出てくるのだ。しかも、ちょい役ではなく、かなり大きくフィーチャーされていて、作中でもとくに目立った存在となっている。

とはいえ、佐賀県民にとっては割とお馴染みのお店らしい。自分も実はアニメで観る前から知っていた。伊万里を訪れた際に、たまたまお店の前を通りかかって、そのインパクトあふれる店構えを目にして気になっていたのだ。

――やき鳥一番、鳥めし二番。

看板には黄色の背景に赤い文字でこう書かれている。加えて、妙にシュールな擬人化されたニワトリと思しきキャラクターといった組み合わせ。いったい、何のお店なんだろうかと目を奪われたのだが、それから間もなくしてゾンビランドサガを観ていたらいきなり登場したから心底驚いた。

「あっ！　ここはあのとき見かけたお店だ！」

と、なったわけだ。いまにして思えば、運命的な出会いだった。

伊万里といえばドラ鳥だ。いまではそう思えるほど個人的に愛着ある存在に。

そもそも、店名からしてユニークだ。ドライブイン鳥。通称、ドラ鳥。

確かに幹線道路沿いにあって、いかにもドライブインといった感じの、クルマで立ち寄るのに適した立地ではある。伊万里のそのお店が本店で、福岡県の糸島にも支店があるのだと後で知った。元々は養鶏場を営んでいた創業者が始めたのだという。開業したのは昭和四十四年というから、結構歴史のある店である。

店名や看板に書かれたキャッチフレーズの通り、鳥料理専門のレストランだ。看板に書かれたキャッチコピー「やき鳥一番」「鳥めし二番」の二つがまさに看板

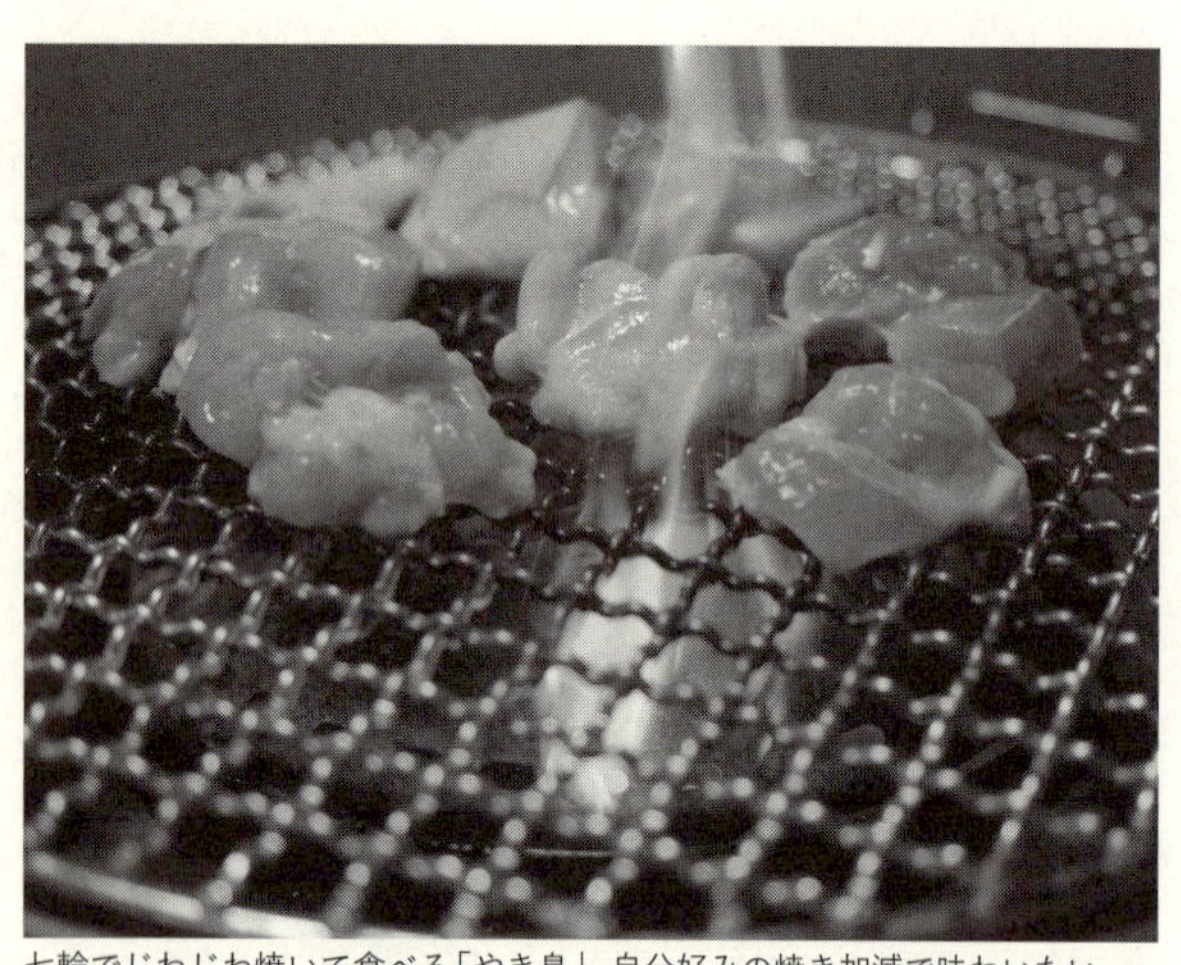
七輪でじわじわ焼いて食べる「やき鳥」。自分好みの焼き加減で味わいたい。

メニューとなっている。ただし、やき鳥といっても、誰もが想像するあの串に刺さった焼き鳥とは別物。七輪の上で肉を焼いて食べる。要するに、鶏肉の焼き肉なのである。

もう一つの鳥めしは何かというと、これはいわゆる「かしわ飯」の一種だ。鶏の炊き込みご飯。年間約八万食もオーダーが入るのだと書いてあった。レジ前ではお土産用にパッケージ化された「鳥めしの素」なる商品も売られている。買って帰っておうちでも鳥めしを再現したい人がいるほどの人気の味らしい。

最初に見たときは気になったけど素通

りしたドライブイン鳥だが、アニメを観たらどうしても食べたくなってしまい再訪した。

そうして頼んだのが「一番定食」だった。やき鳥と鳥めしという二大看板メニューが同時に楽しめ、さらには鳥スープが付いた定食で、店の人気ナンバーワンメニューとのこと。お値段は千三十円。ちなみに訪れたのは昼時で、「一番定食」はランチメニューの中にラインナップされていたが、夜も頼めてしかも金額はランチと同じのようだ。

ドライブイン鳥は客席のつくりもおもしろい。個室として仕切られた空間には、なんと掘りごたつが設置されている。テーブルの上にはあらかじめ七輪がセットされ、調味料なども用意されていた。気の合う友人たちとこたつに入ってワイワイ肉を囲む、なんて楽しみ方ができるわけだ。

翻って自分はというと、単身でやってきていた。ぼっち焼き肉である。とはいえ、定食なので気兼ねなく食べられるのがいい。

食べ方としては基本的にセルフサービスである。肉は生の状態で出てくるので、客が各自でトングを使って網の上に置いていく。結構火力があるから、焼きすぎて焦げないように注意する必要がある。肉と一緒に鳥めしとスープも出てきたので、先にそれらに

やき鳥、鳥めし、鳥スープがセットになった「一番定食」。ドラ鳥を代表する鉄板メニューだ。

手を付けながら肉が焼けるのを待った。

さて、いよいよ実食である。肉は秘伝のタレのほか、塩やゆず胡椒などでお好みの味つけにして食べる。一通り試したが、個人的にはニンニク胡椒にハマった。

ドラ鳥では「ありたどり」の肉を使っている。「ありた」とは有田焼で有名なあの有田だ。伊万里にあるのに有田というのも不思議だが、同じ佐賀県内だし距離もそう離れていない。肉以外にも野菜などの店で扱うほかの食材も多くが佐賀県産と、地産地消を目指しているのもこの店のこだわりのひとつだ。

例の「やき鳥一番、鳥めし二番」はこ

客席は個室で掘りごたつというのもユニーク。寒い冬などは最高だろうなあ。

マークイズのフードコートにもドラ鳥が。「唐あげ一番」に変わっていた。

れで終わりではなく、「三はサラダで、四（よ）い健康、五（いつ）もにこにこ、鳥で満腹」と続く。まさにその通り、すっかり満腹になった。

これは後日談だが、ヤフオクドームそばのマークイズというショッピングモールにもドラ鳥が出店したと聞いて、いそいそと足を運んだ。フードコート内の店であるせいか、メニューが限られており、やき鳥はなかったが、鳥めしはまた食べられて幸せな気持ちになった。

それと前述した、ニワトリを擬人化した例のお店のマスコットキャラには、「コッコ君」という名前があるのだとわかった。シュールなどと失礼なことも書いたが、何度も目にするうちに不思議なことにだんだん可愛らしく見えてきた。きっかけこそアニメだったが、いまではすっかりドラ鳥ファンの仲間入りを果たしたのである。

20 ドライブイン鳥 伊万里本店

- 住所：佐賀県伊万里市大坪町甲1384-2
- 電話：0955-23-0667
- 営業時間：11時～23時（ラストオーダー22時30分）
- 定休日：第1・第3水曜
- 駐車場：有
- アクセス：JR伊万里駅からタクシー5分

21

三瀬(みつせ)のそば

つゆにつけずとも美味しい！「自家栽培そば」店へ

佐賀県
佐賀市富士町

今回の半日旅の本で、一番最後の取材先となったのが三瀬だ。いや、実はプチ移住を始めて間もない序盤の段階でも、一度訪れてはいたのだ。ところが諸事情あって、再取材という形になった。

三瀬の名前は東京にいるときから知っていた。近所のスーパーに「みつせ鶏」がよく売られていたからだ。ただし、「みつせ」が佐賀市の福岡県との県境にある「三瀬」であることは、こちらに来てから理解した。

「ああ、あの鶏肉の産地か……」

と、自分の中で結びついたわけだ。

調べてみると、みつせ鶏が生まれたのは「どんぐり村」というところで、観光牧場として公開されているとわかった。動物と触れ合えたり、乗馬体験などもできる子ども向けのスポットということなので、家族で行ってみることにしたのだ。

福岡市内から国道二百六十三号線を南下していくと、風景はやがて都市から山へと変わっていく。大きなループ状の道路をぐるりと回って高度を上げ、有料のトンネルに突入した。やたらと長いそのトンネルを走っている途中で、カーナビが佐賀県に入ったと教えてくれる。そして、これを抜けた先が三瀬だった。

目的地のどんぐり村は、正式名称を「三瀬ルベール牧場どんぐり村」という。

「ルベール……フランス語かな？」

フトそんな疑問が頭をよぎったが、どうやらここはフランスの田舎をテーマにしているそうで、建物のデザインなどもそれっぽい雰囲気につくられている。例のみつせ鶏も元々はフランスから親鳥がやってきたのだという。

村内には遊具なども置かれており、到着するなり娘たちは目を輝かせた。思っていたよりも広い牧場で、敷地面積は七十五万平方メートルもある。

「どんぐり村！　小さい頃に遠足で行ったなあ……懐かしい」

子連れにオススメの「どんぐり村」。近くには日帰り温泉施設などもある。

福岡生まれ、福岡育ちの知人に聞いたらそんな台詞が返ってきた。結構昔からやっている施設のようだ。確かに、遠足にはうってつけのスポットといえるかもしれない。まだまだちびっ子のうちの娘は、山羊やウサギへの餌やりがとくに心に響くものがあったようで、飽きずにずっと柵に張りついていた。

標高四百五十メートルの高原に位置する三瀬は、豊かな自然に囲まれている。福岡市内から手頃な距離だし、休日に子どもと一緒にお出かけするには最高の遊び場で、我が家は心ゆくまで楽しんだのだが、話はこれで終わりではない。

むしろ、ここからが本題だ。三瀬へやってきたのには、もうひとつ目的があった。

何かというと——そばである。

三瀬にはそばの専門店が集まっている。通称「そば街道」などと呼ばれているのだそうだ。確かに、国道沿いを走っていると「そば」の看板をあちこちで目にする。観光協会が発行するガイドブックでも、一番最初のページに紹介されているのがそばだったりして、この地の最大のウリであることが窺える。三瀬は澄んだ空気と清らかな水に恵まれ、上質なそば粉が得られるのだという。

実は密かに行ってみたいお店があった。数ある三瀬のそば店の中でも、情報収集の段階から絶対ここと決めていた。「木漏れ陽」というお店だ。

その店は、国道からは外れた、山あいの集落の中にポツンとたたずんでいた。

「本当にこの道で合っているのだろうか？」

と不安になるような奥地へと進むのだが、そんなところなのに到着したら駐車場が停めきれないほどのクルマで埋まっていたから唖然となった。お店の前にも人がたくさん集まっているのを見て、嫌な予感がする。もしかして——。

案の定、入店待ちの人たちなのであった。順番待ちのノートを見て、待っている客の多さに天を仰いだ。途方もなく時間がかかりそうである。

これが大人だけだったなら、待ってでも食べただろう。しかし、今回は子連れである。それも、お昼ご飯が遅くなってしまい、子どもたちがお腹を空かせている。というよりすでに不機嫌の絶頂といった感じで、暴動を起こす寸前なのだ。

どうしても食べたいのだけれど、どうしても待つことはできない。夫婦で協議した結果、あきらめて別のお店へ行くことにしたのだった。

長々と書いてきたが、ここで冒頭の話に戻る。三瀬を再訪したのは、ずばり、このそ

森あり、大きな湖あり。自然が豊かでのどかなところだ。福岡市内から遠くないのもいい。

この店のためだけに三瀬を再訪。横に長い平屋の一軒家といった外観だが、中は結構広い印象。

ば屋のことがあきらめきれなかったからだ。妥協して入った別のそば店は、普通に美味しかったものの、普通に美味しいというだけで、驚くほどの感動はなかった。なんだか負けた気がしたのも正直なところだ。

食べられないとなると、余計に食べたくなってくる。我ながら潔くないというか、食べ物の恨みは恐ろしいというか。多少の困難が立ちはだかるほうが、美味しいものに出合ったときの喜びはより大きなものになる。

そんなわけで、仕切り直しでもう一度、三瀬へ行ってみることにしたのだ。

二度目はもう一切寄り道せずに、お目当ての木漏れ陽へと直行した。それも前回の教訓を生かし、開店時間の十一時よりも早く着くほどの気合の入れようだった。

さすがは人気店、開店前だというのにすでに先客

開店と同時に入ったら、流石にまだ空いていたが、この後続々と客がやってきた。

が何組かいたが、無事に第一陣として待たずに入店できた。

メニューの内容について、店員さんに説明を受ける。大雑把にいえばそば単品で頼むか、コースにするかを決め、コースならば種類を選ぶ。

わざわざこのお店のために三瀬まで来たのだから、ここは迷わずコースを選択。コースは三種類あって、メインのそばのほかに付いてくる料理が異なる。といっても、種類が違うのではなく、単純に品数の違いだとわかり、全部入りで一番高価な「桂」に決めた。二千四百五十円。悔いを残したくないなら、これしかないだろう。

コースは、「そばの芽」をフル活用したものであることが最大の特徴だ。

まず最初にジュース、和え物、サラダが出てきた。すべてそばの芽を用いた代物だ。そばの芽のジュースなんて想像が付かないのだが、スッキリしていながらもハチミツと豆乳をまぜているそうで適度に甘みがあって飲みやすい。そして感激したのがサラダ。シャキシャキした食感でみずみずしく、それでいてしっかり食べ応えもある。

それにしても、そばの芽というのは実はかなり美味しいのだなあという発見があった。見た目は喩えるならカイワレ大根に似ている。小さな葉っぱが無数に集まっており、根っこからニョキニョキ生えている。店の入口にスチロールに入った状態のものが置かれていたが、豆苗（とうみょう）のようにも見える。

「豆苗みたいに食べても水に浸けたらまた芽が出てきますか？」

と店の人に聞いてみたら、そばの芽は一度摘み取ったら終わりなのだという。

店の入口付近に置いてあったそばの芽。物珍しいので写真に撮らせてもらった。

コースはその後、そば豆腐に続いて、いよいよお待ちかねの主役の登場である。

盛りそばである。

ザルではなく皿の上に盛られる形で出てきた。麺の色は薄めで白色に近く、形はやや平たい。パッと見た瞬間の第一印象は「なんだか素朴だなあ」というもの。誤解を恐れずにいえば、いかにも田舎そばという感じだ。

ところが、ひとつまみして口に入れてみたらビックリした。しっかりとした風味があって、つゆにも

お待ちかねの盛りそばが遂に登場。これが食べたかったのです。

つけていない素の状態なのに物足りなさがない。なぜそのまま食べたかというと、メニューにおすすめの食べ方として紹介されていたからだ。

最初につゆも薬味もつけずに食べたあとは、塩を少しつけて味わう。続いて薬味をお好みでつけて、最後につゆにつける。個人的には、塩をつけるだけでもう十分に美味しく食べられた。極端な話、つゆがなくてもいけそうなほどだが、実際、出てきたつゆの量がそもそもかなり少ないから、つゆなしを味わうのが前提のようになっている。

「(つゆが) 足りなければもう少し持って

きますけど……」

と店の人が言ってくれたが、こういう食べ方のそばなのだと納得した。

木漏れ陽はそば屋でありながらも、そば農園で自家栽培を行っている。百姓が始めたそば屋なのだと店内にも書いてあったが、原材料から手がけているだけあって、随所にこだわりが感じられる。

育てているのは「北山（ほくざん）そば」という、この地で代々受け継がれてきた在来種。品種改良されていない原種のため、実のサイズが小さい。そのうえ、甘みや香りを追求して、完熟する前に収穫するため取れる量が極端に少ない。「青刈りそば」というそうで、完熟したそばよりも二〜三割も収量が減ってしまうのだとか。

畑は完全無農薬で、除草剤も使っていない。そのため、苦労するのが雑草の除去作業。人海戦術で雑草を手で抜くのだというが、考えただけでも大変そうだ。また、収穫後も機械を使わずに天日干しで乾燥させることで香りを引き出している。

手間暇をかけた結果、つゆにつけずとも美味しく食べられるほどの極上のそばが出来上がる。こういう物語性のある料理には滅法弱いタイプである。影響されやすい性格と

メインのそば以外もどれも美味しい。中でも絶品だったのがガレットだ。

言ってもいい。できるまでの過程を知ると、より親近感が湧いてくるのだった。

そばを食べ終わった後、コースの最後をしめくくるのはこの店の名物、ガレットだ。フランス料理の定番メニューで、そば粉を使ったクレープのような料理である。いくつか種類があって、ベーコンやきのこが載った食事用のガレットも選べるが、今回はデザート代わりにそばみつをかけた甘いものを頼んだ。

ピザのように円形に薄く焼かれたガレットをナイフで切って食べる。座敷席で胡座（あぐら）をかきながら、箸ではなくフォークとナイフを手にするのもなんだか新鮮だ。

これぞ和洋折衷な逸品である。すでに結構お腹いっぱいなのだが、バクバク食べて完食。

　そばは夏に種をまき、秋が深まる頃に実を収穫する。

「十二月に来ていただけたら、その年に取れたばかりの新そばが味わえますよ」

　いやはや、想像しただけで涎が出てくる。三度、三瀬を訪れそうな予感を抱きながら山里の名店を後にしたのだった。

21　三瀬のそば（木漏れ陽）

- ●住所：佐賀県佐賀市富士町大字上合瀬453-1
- ●電話：0952-57-2873
- ●営業時間：11時～17時
- ●定休日：水曜
- ●料金：2450円（「桂」コース）
- ●駐車場：有
- ●アクセス：佐賀大和ICからタクシーで30分

22

うきは

旬の「フルーツ」と旬の「絶景」を大堪能

福岡県
うきは市

毎年秋になると開催される「ツーリズムＥＸＰＯジャパン」に参加している。国内最大級の旅の総合展示会だ。会場内では各都道府県がブースを構え、地域の特色などを盛んにピーアールしている。旅の情報収集にはうってつけの場なのだが、二〇一八年はプチ移住を控えていたこともあり福岡県のブースに立ち寄った。

「県内でいま旬といえそうなのはどんなところですか？」

接客してくれたスタッフ──恐らく県庁の人だと思う──になにげなく質問してみると、返ってきた答えが「うきは」だった。

うきは……？　東京育ちの人間からすると耳馴染みのない地名だが、漢字ではなく平仮名でそう書くのだと聞いて、心にひっかかるものがあった。調べてみると、県内では屈指のフルーツの産地だと分かり、ますます興味が湧いてきた。

我が家の人間はみな、美味しいものには目がない。果物なら子どもたちもきっと喜ぶはずだ。というわけで、移住後まもなくして、一家全員でうきはへ行ってみることにしたのである。

一人旅ではなるべく列車を活用するが、家族でお出かけする際には基本的にクルマだ。福岡滞在中は東京から愛車を持ってきている。うきはへは博多からだと距離はあるものの、高速道路を使えば案外時間はかからない。太宰府インターから南下し、鳥栖で大分自動車道方面へ分岐。正味一時間ぐらいで到着した。

まず向かったのが、「やまんどん」というフルーツ狩りができる施設だ。季節は11月初旬。事前に電話で確認したところ、いまは梨狩りをやっているのだという。予約は不要なので、自分たちの都合で気ままに訪問できるのがありがたい。

やまんどんに辿り着き、まず驚いたのが案内所の建物の大きさだ。中は広々としており、テーブルや椅子も潤沢に用意されている。団体ツアー客が来ても対応できそうなほどで、小さな農園のようなところとは一線を画する大箱ぶり。

入店してまず現れたのが直売コーナー。物欲をそそられるが、グッと堪えてまずは狩りへ。

建物入口付近には直売コーナーがあって、旬の梨がずらりと並べられている。さっそく買いたくなったが、まだ来たばかりだし、今回の目的は買うことではなく、狩ることである。

狩りに出かける前に、まずは梨を味見させてくれるという。なるほど、同じ梨でも品種によって味は大きく変わるから、自分好みの梨かどうか見極めるためにも味見は大事である。

今回、味見させてもらったのは「新興」。つまり、梨狩りできるのはこの品種になる。この漢字で「しんこう」と読む。ちなみに案内所には直販コーナーもあって、そこでは「新高」という品種の梨が売られていた。「漢字違いでしんこうが二種類か……紛らわしいねえ」などと話していたら、後者は「にいたか」と読むのだとスタッフの人が教えてくれた。いやはや、恥ずかしい。直売コーナーにはほかに「王秋」「豊華」といった品種の梨も売られていた。それぞれ、「おうしゅう」「ゆたか」と読むのだそうだ。梨の名前は読み方が難しいなあ。

さっそく梨を味見できると知って顔をほころばせたのは、我が長女だった。ちょうどお昼前だったこともあり、お腹が空いていたのだろう。お皿に盛られた山盛りの梨をあっという間に平らげたから笑ってしまった。親が食べるぶんがなくなってしまったが、それもまあいつものことだ。

この日の梨狩りは、新興が一キロ六百五十円とのこと。黒板に手書きされていたから、きっと時価なのだろう。目安として、一キロはだいたい約二個だという。梨そのものの代金とは別に、入園券を必ず購入する必要がある。こちらは大人三百円、四歳以上の子ども二百円。

味見を終えたところで、いよいよ梨狩りへと出発する。「もっと食べたい！」とゴネていた娘も、カゴを渡すとその気になったのか先頭をスタスタ歩き始めた。取った梨を入れるためのカゴである。

まだ三歳になって間もない、小さな長女の体には明らかに大きすぎるカゴだが、手に持つと気分が高揚するのだろう。でも、その気持ちはわかる。これから梨を狩るのだ！　と思うと、大人だってテンションが上がる。カゴを手にした瞬間に戦闘態勢に入るわけだ。少なくとも、何も狩らずに帰るなんてあり得ない。

やまんどんの果樹園は、畑面積が約六千九百坪もあるという。迷子にならないようにしながら、指定された場所へと向かった。

いちごや桃、ぶどうなど、果物狩り自体はこれまでも割と積極的にチャレンジしてきた。しかし、実は梨狩りは初めてである。梨のもぎ取り方について、スタッフにレクチャーしていただく。最初こそ勝手がわからなかったものの、やってみたらこれが想像した以上

カゴを手に、いざ梨狩りへ！　果物狩りってなんでこんなにも興奮するのだろうか。

梨は袋が被さっている。害虫予防や梨の肌をきれいに保つためなのだとか。

に簡単で拍子抜けした。

梨を下から手で掴み、そのままクイッと上げる——たったのこれだけなのだ。ハサミを使う必要もない。

あまりにも簡単で、子どもでもできそうだが、注意点もある。梨がなっている位置が高くて、抱っこしてあげないと届かないのだ。さらには、梨の実が大粒で、幼児の小さな手ではつかめないという問題も。自分でできないとわかると、娘はすっかり興味を失ったのか、畑の中で別の遊びをし始めたのだった。

うきはで果物栽培が盛んなのは、なだらかな丘陵地帯のため陽当たりが良好で、

農園には水汲み場も設けられている。ペットボトルなどの容器を持ってくれば良かった。

それでいて水はけも良いからだ。加えてここやまんどんでは、ミネラルを多く含んだ天然の湧き水が噴出しており、水汲み場まで用意されている。実り豊かな土地で水がきれいというのは、それだけで説得力がある。

　梨狩りを終えた後は、園内に併設されたカフェ・レストランでランチをとった。フルーツサンドやフルーツカレーなど、畑で取れた果実を活用したメニューがうれしい。食事以外にもケーキが三十種類以上と充実しており、コーヒーが湧き水で淹れたものというのも魅力的だった。週末に訪れたためかなり混雑していたが、人気があるのも納得の内容と感じた。

　せっかくここまで来たのだからと、帰る前にどこか一箇所だけ観光しようと立ち寄ったのが「浮羽稲荷神社」だった。

「浮羽――うきは？　そうか、元々はこういう漢字の地名だったのか」

と、いまさら理解する。やまんどんからは大して距離はないが、クルマの揺れが心地良かったのだろう。到着したときには長女がすっかり寝落ちしていたので、彼女と妻を駐車場へ残しつつ、自分と次女の二人で神社へ行ってみることにした。

といっても、次女は一歳五か月でまだ歩くことができない。抱っこひもで抱えながら連れて行ったのだが、これがなかなかの試練だった。神社の境内があるのは山の上で、そこまで計三百もある階段を登らなければならないからだ。高低差

ついでに訪れた浮羽稲荷神社。登るのはシンドイが、絶景が待っている。

鳥居は最初は50基程度だったが、現在は90基を超えるまでに増えたという。

のある、結構きつめの斜面をぜえぜえ息切れしながら体重十キロ近い乳飲み子を抱えて登っていく。苦行というほかない。

ところが、そんな苦労も山の中腹まで登った瞬間に吹き飛んだ。高台から見下ろす風景があまりにも素晴らしかったからだ。階段には朱塗りの鳥居が等間隔に並んでいる。京都の伏見稲荷などでお馴染みの、鳥居で作られたトンネルのような風景を思い浮かべるとわかりやすい。眼下に筑後平野の開けた大地を望み、青い空と鳥居の赤色という組み合わせ。文句なしに絶景といえる。

いかにもインスタ映えしそうだと思っ

たら、その場所に西日本新聞の切り抜きが貼られていて、まさにそんなことが書いてあった。SNSの影響で外国人観光客も増えているのだという。知らずに訪れたら、実は人気上昇中のスポットだったという展開でほくそ笑んだ。

旬の美味しいフルーツを味わいつつ、旬の絶景を堪能する旅になった。「旬」を追いかけると、やはりいいことがある。

22 うきは（うきは果樹の村 やまんどん）

- ●住所：福岡県うきは市浮羽町山北2212-7
- ●電話：0943-77-4174
- ●営業時間：10時～17時（梨狩りは8月上旬～11月）
- ●定休日：水曜
- ●料金：300円（梨狩り）
- ●アクセス：JRうきは駅よりタクシー15分

佐賀県佐賀市

23

シシリアンライス＆マジェンバ

佐賀の二大ご当地グルメは共に野菜たっぷり。ご飯の上に肉やサラダをのせ、マヨネーズで味付けがシシリアンライスの基本形だ。一方マジェンバではご飯のかわりに麺を用いる。名前の由来は「混ぜんば」という方言で、こちらは小城市が発祥。

アリユメ（シリリアンライスで有名な喫茶店）
●住所：佐賀県佐賀市中央本町1-10 寺元ビルB1
●電話：0952-26-7215
●営業時間：8時～17時（土曜8時30分～17時 ※祝日は要お問い合わせ）
●定休日：日曜 ●駐車場：有 ●アクセス：JR佐賀駅から徒歩15分

福岡県久留米市

24

巨峰ワイナリー

巨峰でつくられたワイン「巨峰葡萄酒」のほか、あまおうや甘夏などを用いたユニークな果実酒が揃う。田主丸の森に囲まれた気持ちのいいロケーションの中、種類豊富なワインを心ゆくまで試飲。1986年に建設された地下貯蔵庫も見学できる。

●住所：福岡県久留米市田主丸町益生田246-1
●電話：0943-72-2382
●営業時間：9時～17時（「ショップ・みのう」）
●駐車場：有（20台）
●アクセス：JR田主丸駅からタクシー10分

焼きカレー

ご飯の上にカレーをかけ、チーズや玉子などを載せてオーブンで焼く。貿易港として西洋文化が入ってきた門司港ならではの創作料理といえるだろう。誕生は昭和30年代と意外と古く、いまでは20店舗を超える飲食店でメニューに並ぶほどに。

ベアフルーツ
●住所：福岡県北九州市門司区西海岸1-4-7 門司港センタービル1F
●電話：093-321-3729
●営業時間：11時～22時（日曜～木曜、ラストオーダー21時30分）
11時～23時（金曜、土曜、祝前日、ラストオーダー22時30分）
●アクセス：JR門司港駅から徒歩1分

大分県別府市

26

とり天（てん）

大分市内でも食べられる（199ページ）が、本場はやはり別府だろう。発祥の店とされる「東洋軒」は、亀の井ホテル開業時の料理番が大分県初のレストランとして開いた歴史あるお店。お好みでかぼす酢醤油や辛子をつけて食べるのもまたいい。

東洋軒
●住所：大分県別府市石垣東7-8-22　●電話：0977-23-3333
●営業時間：11時～15時30分（ラストオーダー15時）、17時～22時（ラストオーダー21時）、土曜・日曜・祝日のみ15時30分～17時も営業（メニュー変更は土曜・日曜・祝日の15時～17時）
●駐車場：有　●アクセス：JR別府大学駅から徒歩17分

第4章　神社・仏閣

27

宗像大社

厳かな世界遺産から碧い海の大パノラマへ

福岡県
宗像市

「全部、電動ですよ」

レンタサイクルを借りようと思い、島の観光案内所へ電話したときのこと。電動タイプの自転車もありますかと質問すると、そんな回答が返ってきたのだ。それなら楽チンそうだなあとホッとしたが、実際にペダルを漕ぎ始めてすぐになるほどと得心した。

島は思っていた以上に山がちな地形で、起伏が激しかったのだ。上り坂は結構な傾斜があるし、これは電動ではない普通の自転車ではかなりきつい。いや、正直無理だろう。

大島へやって来ていた。東京から来た者としては、大島と聞くと真っ先に「伊豆大島」を思い浮かべるのだが、大島という名の島は意外と日本全国にあって紛らわしい。今回訪れたのは、福岡県宗像市の大島である。

交通量が極端に少ない離島は、自転車でゆるゆる旅するのに向いている。

旅の目的は宗像大社だった。「神宿る島」宗像・沖ノ島と関連遺産群として二〇一七年に世界遺産に登録されたことで、注目度が上昇中の観光地といえるだろう。宗像大社は沖津宮、中津宮、辺津宮という三つの宮の総称だ。それらのうち大島には中津宮があり、さらには立入禁止の沖津宮を参拝するための遙拝所も作られている。

この日はまず、辺津宮から訪問した。宗像大社の中で唯一九州本土に位置しており、総本山的な役割を持つ。宗像大社観光におけるいわばメインスポットで、ここだけでも見応えたっぷりだ。

辺津宮の拝殿は十六世紀末に再建されている。ちょうど戦国時代の終わり頃だなあと思っていたら、再建したのはあの小早川隆景（たかかげ）だと知って急に親近感が湧いてきた。毛利家を支えた「両川（りょうせん）」の一人で、豊臣家の五大老にも名を連ねたほどの名将だ。そういえば、当時の筑前国（ちくぜんのくに）の領主が小早川氏だったなあと納得した。

拝殿に隣接する本殿もまた十六世紀に再建されている。ほほぉと思わず声を上げてしまうほど立派な建築だが、いずれも安土桃山時代の特色が見られる貴重な建物なのだそうだ。

ちなみに、以上の説明はたまたま一緒になったツアー客のガイドさんが語っていたものだ。盗み聞きするつもりは毛頭ないが、声が大きいので嫌でも聞こえてしまう。ありがたく拝聴させていただいたが、これも

辺津宮は本殿と拝殿が隣接している。名将・小早川隆景が再建したのは拝殿のほうだ。

沖津宮、中津宮の分霊を祀った参拝所。離島まで行かずともここでお参りできる。

個人で旅行しているとよくある展開の一つだ。

辺津宮の敷地は広大で、鬱蒼とした森に社は取り囲まれている。厳かな自然の風景に身を置くと、柄にもなくスピリチュアルな気分になっていく。

その名も「鎮守の杜の道」を抜けた先には、「第二宮」「第三宮」と呼ばれる参拝所があった。それぞれ離島にある沖津宮、中津宮のご分霊を祀ったもので、これらを詣でることで、拝したものとみなされるのだという。

現地まで行かずともお参りができるのはありがたい存在だ。個人的にはチベット仏教の「マニ車」を密かに思い出したりもした。ヒマラヤの密教における定番宗教具で、クルクル回すだけで経文を唱えるのと同じ功徳があるというものだ。

高宮祭場へと続く道。スピリチュアルな雰囲気が漂う森の中、ゆっくりと歩を進めた。

辺津宮では、ほかに「高宮祭場」もぜひ見ておきたい。森の中に設けられた小さな広場のようなスペースで、社はおろか祠さえ存在しないが、これは古代祭場の姿をいまに伝えるものだ。宗像大社の歴史は古く、古墳時代の四世紀後半から祭祀が行われてきたとされる。神話の時代から続く、由緒正しき聖地なのだ。

高宮祭場は宗像三女神が降臨した地と伝わる。この宗像三女神は、神社の成り立ちを知る上でのキーワードなので簡単に紹介しておこう。

宗像大社に祀られているのは三姉妹の神さまだ。沖津宮が長女の田心姫神、中津宮が次女の湍津姫神、辺津宮が三女の市杵島姫神。

長女が祀られている沖津宮があるのが沖ノ島だ。玄界灘に浮かぶ周囲約四キロの孤島は、島全体がご神体とされ上陸が禁止されている。「聖なる島」と呼ばれるようなところは各地にあるが、沖ノ島ほど突き抜けた存在はないだろう。いい意味でストイックという印象さえ受ける。

沖ノ島では、島内の物を持ち帰ってはいけない、島で見たり聞いたりしたことを人に話してはいけないなど、多くのしきたりがある。現在は、神職が十日交代でたった一人で奉仕しているという。いったいどんな生活をしているのだろうか。

以前は年に一度、五月の「現地大祭」の際にだけ、二百～二百五十人限定で上陸が認められていたが、二〇一八年から全面的に禁止となった。そのニュースを聞いたときには、世界遺産に登録される前に行っておけば良かったと後悔した。

似たような例を出すと、オーストラリアのエアーズロック（ウルル）が挙げられるだろうか。先住民アボリジニにとっての聖地は近頃登頂が禁止されたばかりだ。

沖ノ島では約十万点にも及ぶ神宝（しんぽう）が出土しており、そのほとんどが国宝に指定されているというからロマンにあふれる。「海の正倉院」という呼び名まであるのだという。

ここで冒頭の大島へ来たくだりまで話を戻すが、大島には沖津宮遙拝所があると書いた。遙拝所というのは、離れたところから拝むための施設だ。沖ノ島へは上陸できないため、代わりに手前にある大島からお参りするわけだ。

大島に船が到着し、自転車を借りて真っ先に向かったのがこの遙拝所だった。お陰で目論見通り、同じ船の乗客の中でも一番乗りを果たした。聖なる場所に一人静かに佇(たたず)みたくて、急いで来たのだ。

場所は島の中でも北側の、海を挟んで沖ノ島に臨む位置。距離にして約四十九キロ離れている。幸いにもこの日は空がスカッと晴れており、肉眼で島影を望めるほどだった。ちなみに沖ノ島から韓国の釜山(プサン)までは約百四十五キロだ。

潮風を浴びながら祈りを捧げていると、

幸いにも天気が良く、大島の遙拝所から、海の向こうに沖ノ島の輪郭をはっきりと望めた。

遙拝所は高台の上に立つ。海をバックに佇む様がなかなか絵になるのだ。

厳かな気持ちになった。そうこうするうちにゾロゾロと人が集まってきたので、イソイソと退散したのだった。

無事、遙拝所に辿り着けたことで、なんだかミッションを達成したような気になった。この後別の予定もあるから、本当はすぐに帰るつもりだったが、なんだか惜しい気がして戻りの船を一本遅らせることにした。たまには延長戦もアリだろう。

結果的には、この選択が大正解だった。というより、遙拝所だけで帰るなんて、とんでもない。大島を自転車で巡った先で、最高の景色が待っていたのだ。

絶景を狙うなら砲台跡を目指そう。風車の写真は巻頭カラーページにも掲載。

島の北部にある風車展望所——ここで忘れられない絶景と出合った。戦時中に作られたという高台の砲台跡にはベンチが設けられ、玄界灘を一望にできる。青い、いや碧い海が水平線の彼方へと続く。遮るものがない大パノラマに息を呑んだ。

期待していなかったときほど、こういう出合いがある。普段からあまりにも日常的に旅をしているせいで、ちょっとやそっとじゃ感動できない旅人になってしまったのだが、だからこそ心を揺さぶられたときのインパクトは大きなものになる。

絶景の余韻に浸りながら、のんびりと

自転車のペダルを漕いだ。クルマとすれ違うことがほとんどないから気楽だし、アップダウンはあるものの電動だから楽勝だ。島をゆるゆる半周して、港へ帰還。適度な疲労感が心地良く、船の揺れが眠りに誘うのだった。

大島までは、神湊港渡船ターミナルから
フェリーで約25分。

27　宗像大社（辺津宮）

●住所：福岡県宗像市田島2331
●電話：0940-62-1311
●駐車場：有
●アクセス：JR東郷駅からバス12分

28

宇佐神宮(うさじんぐう)

「神輿」「神仏習合」「からあげ専門店」色々発祥の地を欲張る

大分県
宇佐市

USAと書いて、ユーエスエーではなく「うさ」と読む。

「アメリカへ行ってきた！」

そんなジョークも最早お約束らしい。なにせ、市が公式で「日本のUSA」をアピールしているほどだ。JRの駅看板が星条旗をオマージュしたデザインになっていたりもする。ここは便乗して本稿でもあえてアルファベット表記で書こうと思ったが、ふざけすぎだと怒られそうなので念のため自粛したい。

宇佐といえば、なんといっても大きい存在が宇佐神宮だろう。実はいつか行ってみたいと願っていたのだが、なかなか訪れる機会がなかった。大分県北部、福岡県との県境にも比較的近い立地は、東京からわざわざ訪れるには少々遠いからだ。

ところが、福岡に住むとなると話が変わってくる。宇佐までは博多から特急列車で乗り換えなしの約一時間半と、手頃な距離。そこで、プチ移住を始めたこの機会に行ってみることにしたのだ。

まずは宇佐神宮の概略を紹介すると、全国に四万社余りある八幡社の総本宮である。日本各地を旅していると、ナントカ八幡宮みたいな名前の神社によく出合うが、つまり宇佐神宮はそれらナントカ八幡宮の元締め的存在というわけだ。

さらには、伊勢神宮に次ぐ皇室第二の宗廟(そうびょう)でもある。そこらの神社とは格が違うというか、とにかく由緒正しき社であ

本殿前にはご神木の大楠も。推定樹齢約800年の巨木は御利益がありそう。

ることは間違いない。

　念願の宇佐神宮だったが、実際にこの目にした感想としては、「壮麗」という表現が最もしっくりくる。全体的に朱塗りで統一されているお陰か、妙に華やかな印象を受けるのだ。視界に入った瞬間、思わずハッとさせられた。ただ派手なだけでなく、気品にあふれているのもいい。

　本殿は建物の前後に二つの切妻屋根を有し、「八幡造」の代表例として国宝に指定されている。細部をチェックすると、門の金具や屋根の妻飾りなどにハート型の装飾が見られる。ハートというのが神社にしてはポップだ。

唐破風の屋根に覆われた見るからに豪華な呉橋。10年に一度、勅祭のときに開く。

見た目もユニークな「ひょうたん絵馬」。願いごとを書いた紙を入れて奉納する。

宇佐神宮では、参拝方法も一風変わっている。二礼四拍手一礼なのだ。あれ……二拍手多い？　なんだか不思議なのだが、往古より受け継がれてきた作法で、その起源は不詳なのだという。

本殿に向かって左から一之御殿、二之御殿、三之御殿と三つの御殿が立ち並んでいる。一之御殿が八幡大神（応神天皇）、二之御殿が比売大神、三之御殿が神功皇后とそれぞれ別の神さまを祀っており、順番にお参りしていく。

ただでさえ二拍手多いことに加え、連続で三回参拝を行うわけだ。計十二回も拍手をすると、

三角形の石が寄り添うように並ぶ「夫婦石」。手を繋いで一緒に踏むと幸せになれるとか。

ガッツリお参りした気分になるのだった。

源頼朝が八幡大神を守り神にしていたことから、宇佐神宮は「勝ち運」に御利益があるとされる。ＥＸＩＬＥのＵＳＡ――これもまた名前繋がりだ――もここでヒットを祈願したのだという。ならばと、「この本が売れますように」とお祈りしたのはここだけの話だ。

これは行ってみてわかったことだが、宇佐神宮はとあるものの発祥の地らしい。それも一つではなく、二つのものの発祥の地となっている。

まず、神輿の発祥の地である。七四九年に、八幡神が神輿に乗って宇佐から奈良へ上京したことがきっかけとなり、以後、神の移動手段として全国に広まっていったのだという。

そしてもう一つは、神仏習合の発祥の地という説がある。日本古来の神さまと、大陸から渡来した仏教を一緒に信仰する慣習はこの地で生まれたのだ。

「神様と仏様　日本で最初に出会ったのは　この場所でした」

そんな文言と共に掲示されていた写真も印象に残った。朱塗りの本殿の前で、神主さんとお坊さんが互いに向き合い、お辞儀している写真。宇佐神宮の魅力が凝縮された素敵な一枚なのだ。

思いのほか盛りだくさんの観光となり、神宮を後にする頃にはすっかりお昼時になっていた。そこでランチがてら向かったのは、からあげの店である。からあげは、知る人ぞ知る宇佐名物のひとつ。といいつつ、単に僕が知らなかっただけで、九州の人にとっては常識の可能性もあるが。

大分県は、一人当たりの鶏肉消費量が全国でもトップクラスだ。中でもここ宇佐市は、「からあげ専門店発祥の地」なのだという。念のため補足するが「からあげ」ではなく、「からあげ専門店」の発祥の地である。宇佐神宮に続き、ここでも「発祥の地」が登場した。

宇佐市内にはからあげ専門店が二十軒以上もある。さらには精肉店やスーパーなども積極的にからあげを販売しているという。宇佐市の、観光まちづくり課が配布している「アツアツのからあげが食べられるお店一覧表」というチラシには、計五十三箇所ものからあげ関連店が載っている。

発祥の地で食べるというシチュエーションからして食欲をそそられるのだ。

ちなみに同課の問い合わせ先をウェブで探すと、担当者が「USA☆宇佐からあげ合衆国　大統領」などと書かれていたりして、何から突っ込めばいいのかわからない状態に陥る。要するに「アメリカ」であることに加え、「からあげ」でも街興しを行っているのだろうと、勝手に理解したのだった。

数あるからあげの名店の中から僕が選んだのは、「来々軒」というお店。どうやらここが元祖らしく、店の前には「大分からあげ発祥の店」と書かれた立て看板が出ていた。またしても「発祥」である。

宇佐のからあげは醤油やニンニク、生

姜などがベースとなったタレに鶏肉を漬け込み、下味をつけたうえで揚げるのが特徴なのだとか。とはいえ、いわゆるからあげらしいからあげであり、揚げたてのからあげは普通に美味い。

大分のほかにも、そういえば秋田市内にもからあげの店が数多く点在していることを思い出した。東北旅行の際に食べた秋田のからあげがかなり自分好みの味だったのだが、絶賛していたら、秋田出身の友人に指摘されたことがある。

「からあげというのはねえ、どこで食べても美味しいから」

言われて、まさにその通りだよなあと納得した。からあげを嫌いという人はあまりいない気がする。味の良し悪しを語りにくい料理なのは確かだ。

宇佐神宮、からあげと宇佐の魅力をたっぷり堪能したわけだが、旅はこれで終わりではない。実はもう一箇所、行ってみたい場所があった。ある意味、いまが旬の観光地である。写真に撮ってSNSへ投稿したくなるようなところ。

どこかというと、マチュピチュである。知らないとギョッとするかもしれない。南米ペルーにある、インカ帝国の失われた空中都市として知られるあのマチュピチュ――に

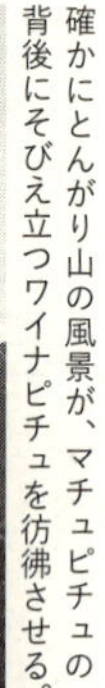
確かにとんがり山の風景が、マチュピチュの背後にそびえ立つワイナピチュを彷彿させる。

似ているというスポットが宇佐にあるのだ。

　国道三百八十七号を玖珠町方面へと南下していく。すると、山深い景色の中に突如として「宇佐のマチュピチュ」と書かれた看板が現れる。駐車スペースにクルマを停めると、展望台が設置されていた。最近できたのか、妙に綺麗な展望台だ。

　本物のマチュピチュへは以前に行ったことがある。だからついシビアに比較の目で見てしまうのだが、言われるとマチュピチュっぽい要素も少なからず感じられる。円錐形をした小山の下に棚田と小さな集落という組み合わせ。言葉で説明するよりも写真で見たほうがわかりやすいだろう。個人的にはマチュピチュかどうかは置いておいて、これはこれで素敵な風景だなあと思った。

Machu Picchu of USA——看板には英語も併記されている。アメリカのマチュピチュ？　なんだかもうわけがわからないのだが、看板自体は私設のものではなく宇佐市が設置したもののようで、その突き抜け方に内心密かに好意を抱いた。

28　宇佐神宮

●住所：大分県宇佐市南宇佐2859
●電話：0978-37-0001
●営業時間：
5時30分～19時（4月～9月）
6時～19時（10月～3月）
●駐車場：有
●アクセス：JR宇佐駅からタクシー10分

29

南蔵院（なんぞういん）

デカイ、とにかくデカイ！ 世界最大の涅槃像

福岡県
糟屋郡篠栗町

理屈抜きで感動できるスポットはいいなあと思う。大人も子どもも男女も関係なく、誰もが一目見てアッと驚かされるようなところ。いわゆる「映え（ば）」がこれほど流行っているのも納得がいく。観光地にとって、わかりやすさは大事な要素なのだ。

「南蔵院」はまさにそんな存在といえるかもしれない。寺院の名前は知らずとも、巨大な涅槃（ねはん）像の写真ならどこかで見たことがあるという人はいるはずだ。全長四十一メートル、高さ十一メートル、重さは約三百トン。ブロンズ製では世界一の大きさを誇る。

実際にこの目にしたときには、思わずほえーっと変な声を上げてしまった。デカイ、とてつもなくデカイのだ。カメラを広角レンズに変えても、思いっきり引かないと全体像は収まらない。

撮るなら午後が順光。18㎜相当の広角レンズでなんとか全景が収まった。

目鼻口耳の付いたお顔に、四肢があって八頭身というリアルな像であるせいか、まるで巨人が目の前に現れたようだ。あるいは、自分が小さくなったかのような不思議な気分にもなるのだが、あくまでもお釈迦様である。こちらを威圧するような雰囲気はない。むしろ心を浄化してくれそうな、やさしげな表情をしていると感じた。

大きければいいってものでもないのかもしれないが、大きいことに価値はある。

「うわあ、おおきいねえ！」

と、まわりの参拝客もみんな一様に驚きの声をあげている。少なくとも、見た目のインパクトがものすごいレベルであることは確かだ。
とまあここまで書いたところで、いったん話を切り替えよう。感動のあまり先走っていきなり本題から入ってしまったが、改めて南蔵院への半日旅について綴ってみたい。

南蔵院があるのは糟屋郡篠栗町。博多からJR福北ゆたか線で乗り換えなしの一本で行ける。最寄りの城戸南蔵院前駅から徒歩三分程度のため、クルマではなく電車だけで気軽にアクセスできる点は特筆しておきたい。

南蔵院は篠栗四国霊場の総本寺であり、さらには高野山真言宗別格本山でもある。篠栗四国霊場というのは、空海を拝する八十八箇所の札所のこと。要するに、四国でお馴染みのお遍路のローカル版と理解するとわ

博多から電車で一本。最寄りの城戸南蔵院前駅は、駅舎もなんだかそれっぽい雰囲気だ。

立派な寺院だなあという感想。仮に涅槃仏がなかったとしても、見応えがありそうなほど。

かりやすいだろう。

駅を出て境内へ向かうと、小高い山が見えてくる。涅槃仏を目指すなら上り勾配を進んでいく形になるが、参道や階段はきちんと整備されているので山歩きというほどハードではない。お寺とはいえ、緑豊かな自然に囲まれたロケーションが気持ちよく、散策していると心が浮きたってくる。

涅槃仏へ到着すると、まず最初に視界に入るのが頭のイボイボ。まるでパンチパーマのような特徴的な髪形の登場に目を奪われながら、ぐるりと回って像前面の広場へ出る。――デカイ。いやはや、デカイ。しつこいけれど、とにかくデカイのだ。

右手で顔を支えながら、体をそっくり横に倒し、どっしりと寝そべっている。誤解を恐れずにいえば、なんだか部屋でゴロンとしながらテレビを観ているときのようなポーズだ。とにかく、リラックスしている様が伝わってくる。

ちなみに頭のイボイボは正確には「螺髪」と呼ぶのだそうだ。全部で六百八十六個もあるそうで、現物見本が展示されていたが、ひとつ直径三十センチとこれまたデカイ。

像に向かって右端、つまり足のあたりに人が集まっていたので何だろうかと観に行くと、これまた巨大な足の裏をバックに記念撮影大会が行われていた。

「踏み潰されたら……きっと痛いだろう

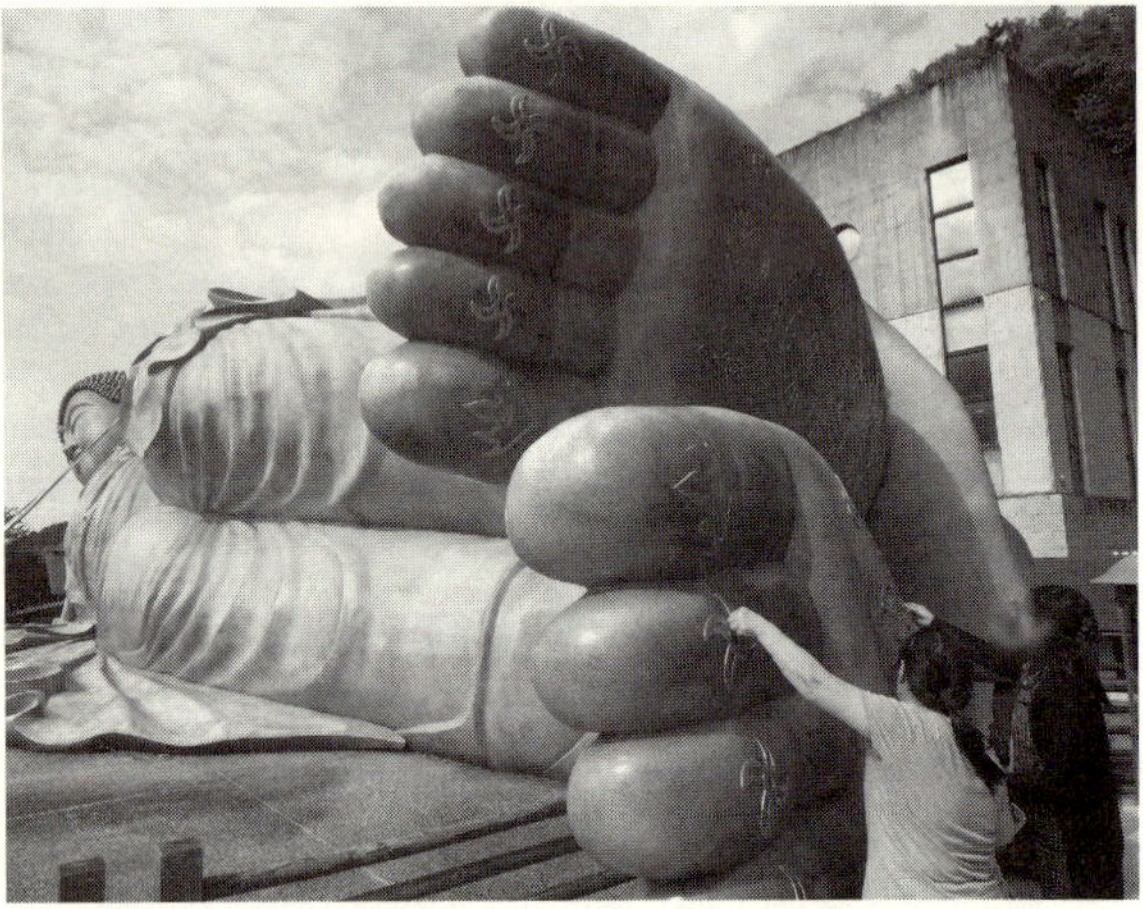

こうして人が入っている写真で見てみると、その大きさが把握できる。

なあ」

そんな罰当たりな感想を内心密かに抱きながら、自分も写真を何枚かパチリ。足の裏に描かれた紋様には、お釈迦様の教えや慈悲の心が込められているのだとか。

個人的にはタイのバンコクにあるワット・ポーというお寺で観た、黄金の涅槃仏を思い出したりもした。ワット・ポーの涅槃仏も足の裏に微細な絵が描かれており、大きな見どころとされている。

そもそも、涅槃仏自体が日本では珍しい気がする。タイをはじめ東南アジアの仏教国ではお馴染みの存在だが、我が国では仏像といえば奈良や鎌倉の大仏様のような胡座(あぐら)を掻いた姿が一般的だ。なぜだろうかと疑問に思っていたら、涅槃仏の由来を知って腑に落ちた。

南蔵院では、ミャンマーやネパールの子どもたちに医薬品などを贈り続けてきたというのだ。そして、その返礼としてミャンマー国仏教会議から仏舎利(ぶっしゃり)を贈呈されたことが、涅槃像建立のきっかけとなった。なるほど、だから東南アジアにあるような涅槃仏が誕生したわけだ。

仏舎利とは釈迦の遺骨のことで、南蔵院では涅槃像の体内に安置されている。中へ入るには有料で、五百円の護摩木を納める必要があるが、せっかくここまで来たのだから体内も参拝しておきたい。

護摩木にお祈りしたいことを記入し、仏舎利の間でそれを納めた。体内ではほかに四国八十八箇所のお砂踏みもできる。ここで砂を踏みながらお参りするだけで、お遍路を済ませたものとみなしてくれるのだという。そんなのアリ？　と戸惑ったが、ここは細かいことは言わずに自分もありがたく便乗したほうがいいだろう。

体内は一方通行で、頭側から入って足側に抜ける。出たところに受付があって、最後にちょっとしたアトラクションが用意されている。三本の矢を投げ入れて、枡の中に入れば景品がもらえるというもので、これまたなぜこんなゲームをするのか謎だったが、郷に入っては郷に従えでええいっと投げたら三本とも外してしまった。ガーン。

涅槃像の前には売店があって、アイスクリームが売られていたのでそれを買って小休止。お寺でアイスというのも新鮮な気分だ。

ベンチで休みながらほかの参拝客を眺めていると、やたらと外国人ばかりなことにも驚いた。涅槃像の前で同じように寝そべって写真を撮っている者もいたりして、なんだかなあと思ったが、色々と問題も起きているのだろう。院では外国人の多人数での参拝をお断りするなど一定のルールを設けている。

ほかにも服装に対する注意喚起などもされており、過度な露出やコスプレ、派手な格好は控えて欲しいとのこと。観光地ではなくお参りする場所であるから、マナーを守って参拝したい。

帰る前に大黒堂に立ち寄った。建立された由来を知ると、金運が上がりそうな気になる。

　涅槃仏の話ばかりになってしまったが、南蔵院はほかにも見どころがたくさんあって、時間があるなら細かく巡るのもいいだろう。個人的にとくに気になったものを一つ紹介すると、大黒堂は要チェックだ。院の住職が宝くじでなんと一億三千万円に当選したことを受けて建立されたものだという。

　大黒堂は金運の神さまである大黒天を祀るものだが、それを聞くとこれ以上ないほどの説得力がある。お金持ちになりたいならぜひ参拝しておきたい。

　タイやミャンマーでお寺を訪れると、なんでもアリといった感じのごった煮的空間が広がっていたりする。宗教施設とはいえ、ストイックに祈りを捧げるだけでなく、楽しみながらお参りできるあの感じは非常に自分好みなのだが、南蔵院には近しいものを感じた。

　珍スポットのようだが、やはりパワースポットである。御利益あるといいなあ。

29　南蔵院

●住所：福岡県糟屋郡篠栗町大字篠栗1035
●電話：092-947-7195
●アクセス：JR城戸南蔵院前駅から徒歩3分
※JR駅、駐車場、山内に掲示してある注意文をよく読んでからお参りすること。

30

成田山久留米分院

六十二メートル！ 日本最大級の仏像⬇とろける「肉丼」へ

福岡県
久留米市

福岡へプチ移住すると言ったら、同地出身の友人たちが親切に色々と教えてくれたり、自分の友だちを紹介してくれたりした。九州の人たちは心温かい。見ず知らずの地でも迷走せずに済んだのは、彼らの善意にありがたく甘えさせていただいたお陰だ。

ある日のこと、友だちに紹介された友だちに会いに久留米へ行くことになった。お互い初対面なので緊張するが、旅ばかりしているとこういうシチュエーションは割と珍しくない。その「友だちの友だち」は、いまは博多で働いているが、元々は久留米出身だそうで、せっかくなのでローカルなスポットをあちこち案内してくれるという。

その約束の時間まで少し余裕があったので、立ち寄ったのが「成田山久留米分院」だった。なんだか前置きが長くなったが、ここでようやく本題である。

「あれ、成田山って……もしかして?」

名前を聞いてまず思い浮かべたのは、千葉県にある「成田山新勝寺」だ。海外旅行などで成田空港へ行く度に、成田エクスプレスの車窓から目にするから個人的には馴染み深いお寺なのだが、同じ名前の施設が九州にもあるとは知らなかった。

なんでも千葉県にある成田山新勝寺直系の分院であり、同じく真言宗智山(ちさん)派の寺院なのだという。開山は昭和三十三年。「久留米成田山」という通称で呼ばれているそうなので、ここからはそのように記載する。

とはいえ、成田山の分院であること自体が訪問のきっかけとなったわけではない。到着してまず目を奪われたのが、真っ青な空をバックにそびえ立つ白亜の巨像の姿だった。旅のお目当てはそう、この「救世慈母(ぐぜじぼ)大観音」である。高さはなんと六十二メートルもあり、日本最大級の仏像とされる。久留米成田山のシンボル的存在だ。

足元からその尊顔を拝するには、首を痛くなるほど思いっきり倒す必要がある。大きさの割に威圧感のようなものはなく、やさしげな表情をしていると感じた。今回は家族連れで訪問したのだが、うちの娘たちが怖がりもしなかったのが印象的だ。手に

青い空をバックに、白亜の
救世慈母大観音が堂々と立
つ。行くなら晴れの日がオ
ススメかも。

はなぜか赤ちゃんを抱えているが、これはきっと慈しみの心を象徴的に表しているのだろう。

肉眼で視認することはできないが、観音様の白毫（びゃくごう）――額にあるホクロのような丸い突起のことだ――には、直径三十センチの純金の板に三カラットのダイヤモンドが十八個付いている。さらには、胸の飾り――瓔珞（ようらく）という――には、直径十センチの水晶と、その周囲に五十六個の翡翠（ひすい）がちりばめられているという。

そんな説明を読んで思い出したのが、ミャンマーのお寺で聞いた話だ。ミャンマーのお寺も建物の外壁にダイヤモンドなどが装飾されているのだが、お坊さんは毎朝掃除をしながら地面に宝石が落ちていないか確認するのが日課になっているのだという。冗談交じりのエピソードではあるものの、宝石類は信徒たちによって寄進されたものだから、それだけ篤い信仰を集めているのだなあと感心させられたことを覚えている。

久留米成田山のこの観音像は、内部も公開されている。中には螺旋階段が設けられていたので、子どもの手を取りつつヨイショ、ヨイショと登ってみた。階段の最上部は像の肩付近にあたり、穴が開いており外を展望できる。観音様は自身が巨大であることに加え、周囲でも高台と呼べる地に立っているから見晴らしはなかなかだ。せっかく来たのだから、ここは上まで登って久留米の街並みを一望する価値はある。

観音様の中に入り、展望孔から街を眺める。天候次第で遠くは雲仙まで見えるという。

観音様のほかにも平和大仏塔極楽殿も目を引く。インドで見学した仏塔にソックリだ。

　観音様と並んで、久留米成田山のもう一つの見どころといえるのが「インド村・平和大仏塔極楽殿」。どこかで見たことのある建物だなあと思ったら、これは釈迦が悟りを開いたとされる聖地ブッダガヤにある大仏塔を模したものだとわかって腑に落ちた。これまた結構大きな建物で、高さは三十八メートルもある。

　かつてブッダガヤを訪れたと

境内に並ぶ300体の釈尊像はインドのブッダガヤで彫刻されたもの。

きの記憶を探りながら、仏塔を眺めてみた。再現度合いは本格的で、その名の通り、まさにインドそのものといった景観で絵になる。誰かに写真だけ見せて「インドへ行ってきた」と言ったら、信じてもらえそうなほどだ。

　仏塔の周囲には約三百体の仏像が安置されているが、これらはブッダガヤ近郊にある前正覚山の石を用いて、現地で彫刻されたもの。塔内には釈迦の誕生から成道、涅槃に至るまでの絵図が展示されているほか、仏舎利まで収められている。

　仏舎利というのは釈迦の遺骨のことで、久留米成田山にあるのは以前にビルマの国王が礼拝していたものだという。念のため書いておくと、ビルマとはミャンマーのかつての呼び名だ。観音様のところで落ちた宝石を探すミャンマーのエピソードについて先述したが、ここはまさに同国ともかかわりのある寺院というわけだ。

ほかにも久留米成田山では、地獄の様子を模型で再現した「地獄・極楽館」という施設も気になった。鬼によって苦しめられた人々の阿鼻叫喚な様子や、飛び散る血しぶきといった残酷な描写がリアルに造り込まれていて見応えがあるのだが、小さな子どもには刺激が強すぎる。あまりの怖さにトラウマになりそうなレベルなので、見せないようにしてササササッと退散したのだった。

お寺を後にして、例の友人の友人と落ち合い、久留米を案内してもらった。

ついでにいくつか書いておくと、まずレトロな雰囲気漂う某老舗食堂（店名はここでは伏せるので検

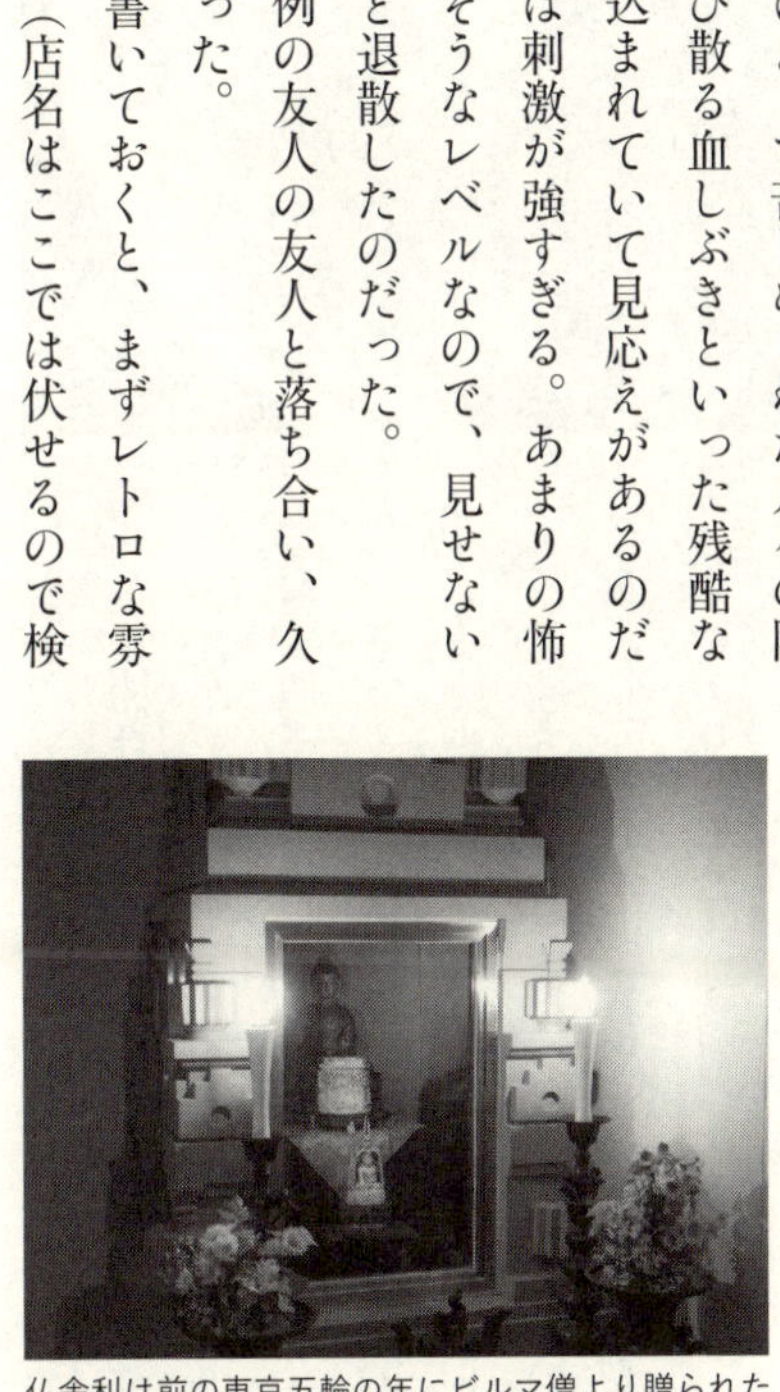

仏舎利は前の東京五輪の年にビルマ僧より贈られたもの。装飾された象牙の中に納められている。

絶品の丼が味わえるローカル食堂へ。肉丼のほかにも、カツ丼や親子丼なども。

索を）で味わった「肉丼」は最高だった。蓋を開けると、ご飯の上をほどよく煮込まれた牛肉が覆い、真ん中に生玉子が綺麗に収まっている。見た目からして食欲をそそるが、食べてみたらアツアツとろとろで止まらなくなった。お肉が柔らかく、味も染み込んでいる。これだけのために久留米まで来てもいいと思えるほど感動の味だった。

さらには、「久留米市鳥類センター」も予想外に楽しかった。鳥類専門の動物園で、大きなドーム状のケージの中で鳥たちがのびのびと過ごしている様を見学できる施設だ。フラミンゴや孔雀といった鳥類界のいわば「大物」にも餌やりができたりして、子どもたちが大いに喜んでいたし、珍しい鳥がたくさんいて大人も楽しめた。

大変失礼ながら、久留米というとラーメンや焼き鳥ぐらいしかイメージが湧かなかったのだが、行ってみて色々とおもしろいものがあるのだと知った。

有名な観光地にばかり目が向きがちだが、ローカルなお出かけスポットのようなところも案外奥が深く、漂うマイナー感のようなものがむしろ心地良かったりもするのだ。

30　成田山久留米分院

●住所：福岡県久留米市上津町1386-22
●電話：0942-21-7500
●拝観時間：9時～16時30分（土日祝17時）
●料金：500円
●アクセス：西鉄久留米駅からバス20分→徒歩5分

佐賀県鹿島市

31

祐徳稲荷神社(ゆうとくいなりじんじゃ)

日本三大稲荷の一つで、九州では太宰府天満宮に次いで二番目に参拝者数が多い。空中に浮かんでいるような懸造の本殿が絵になる。タイでドラマの舞台になったことでタイ人観光客が急増中。近くには酒蔵が集まる肥前浜宿の古い街並みも。

●住所：佐賀県鹿島市古枝
●電話：0954-62-2151
●参観料：無料
●駐車場：有
●アクセス：JR肥前鹿島駅からバス10分

佐賀県小城市

32

須賀神社（すがじんじゃ）

山の頂に建つ社殿まで途轍もなく長い階段が続く。近くを通りかかったときに目にして、その外観に度肝を抜かれた。日を改めて登ってみたら、あまりの急傾斜に胆が冷えた。足を踏み外したらタダでは済まなそう。向かって右手の山には城跡も。

●住所：佐賀県小城市小城町松尾3594
●電話：0952-72-7115
●駐車場：有
●アクセス：JR小城駅からタクシー10分

福岡県福津市

33

宮地嶽神社

海へ伸びる参道が沈む夕陽と一直線に繋がる「光の道」が見られるのは、2月と10月の年2回だけ。嵐が出演したJALのTVCMの影響で一躍有名になった。光の道は神社の階段から見るため、人数が制限される。何時間も前から行列に。

●住所：福岡県福津市宮司元町7-1
●電話：0940-52-0016
●アクセス：JR福間駅からバス5分

福岡県福岡市

34

香椎宮（かしいぐう）

福岡県内には由緒ある神社が多いが、社殿の立派さならここも外せない。全国でも珍しい「香椎造り」の建築様式で、国の重要文化財。創建1300年近い歴史を持ち、天皇の勅使が遣わされる勅祭社のひとつ。境内に不老水が湧くことでも知られる。

●住所：福岡県福岡市東区香椎4-16-1
●電話：092-681-1001
●駐車場：有
●アクセス：JR香椎神宮駅から徒歩4分

第5章 ミュージアム・記念館

35

芸術鑑賞⬇名物丼⬇絶景温泉――濃すぎる半日旅へ

大分県立美術館OPAM

大分県
大分市

お得な切符の類いには目がない旅人だから、ＪＲ九州が発売している「ネット限定きっぷ」の存在を知って色めき立った。出発日までの日数によって段階的に料金が設定されており、条件次第では半額以上と大幅にディスカウントされる。この手の割引運賃にしては珍しく当日予約も可能で、ウェブから予約するだけと手続きが簡単なのもいい。

予約はＪＲ九州のサイトから行えるが、ひとつ注意点がある。検索する際に「博多発」としないとこの切符は表示されないようだ。最初、最寄りの駅名発で調べたら、検索結果にネット限定きっぷが出てこなくて戸惑った。博多以外のＪＲ九州の駅から乗車する場合には、別途博多駅までの運賃を支払う必要がある。

このきっぷは利用区間が決まっており、博多あるいは小倉に発着する形で熊本や長崎、佐世保といった九州内の主要都市を結ぶルートがいくつか設定されている。どこへでも行けるわけではないが、対応している都市へ移動する際には威力を発揮する。少なくとも東京近郊では、これほどお得でかつ手軽に利用できる割引切符は見たことがない。

今回は大分への旅に利用してみることにした。博多〜大分間には特急ソニック号が走っている。その普通車指定席の片道運賃が、ネット限定切符を使えば通常五千五百七十円のところ二千五百円に下がった（出発三日前までに予約）。往復だとなんと約六千円も安く移動できるわけで、めちゃくちゃ得した気分になった。

そんなわけで、大分への半日旅である。密かに行ってみたい場所があった。どこかというと「大分県立美術館ＯＰＡＭ」だ。開館したのが二〇一五年と比較的最近で、全国的に見ても新しい美術館の部類に入るだろう。時期は十月中旬。芸術の秋ということで、アートに触れられるおもしろそうなスポットとして気になったのがココだった。

大分県内では別府へは過去に遊びに来たことがあるが、実は大分市内を訪れるのは初めてだ。よく考えたら、九州七県の県庁所在地で唯一未訪問の都市でもある。

初めての街はやはりワクワクする。特急列車を降りて、大分駅を出たら大友宗麟の像

JR大分駅前に立つ大友宗麟の像。キリシタン大名らしくマントを着た立ち姿が凛々しい。

がお迎えしてくれた。そうか、大分はキリシタン大名として知られる宗麟の城下町だったかと思い出す。

　ＯＰＡＭまでは駅から歩いてだいたい十五分の距離。スマホのナビに従いアーケード街を抜けると、「iichiko総合文化センター」という大きなビルが現れた。エスカレーターでこのビルの二階へ上がり、内部を歩いていくと、やがて道路を挟んで向かい側にお目当てのＯＰＡＭが見えてくる。

　この美術館のコンセプトは「出会いと五感のミュージアム」というもの。大分に縁のある作家を中心に、約五千点の作品を所蔵している。ちなみにＯＰＡＭというのは何の略かというと、大分県立美術館の欧文表記である「Oita Prefectural Art Museum」の頭文字を取ったものだ。この四文字で「オーパム」と読む。

到着して、まずはその独創的な外観に目を奪われた。ほぼ全面ガラス張りなのは、外からでも中で何が行われているかが見えるようにとの意図からだ。

一般的に美術館はブラックボックスで、内部の様子は入ってみないとわからないため、興味のない人には近寄りがたい施設となっている。そこで、より多くの人々を惹きつけるために、このようなオープンなつくりを採用したのだとか。

館内には無料で利用できる二層吹き抜けのアトリウムのほか、ミュージアムショップとカフェを設け、誰でも日常的に利用できるスペースとしている。この無料スペースに展示されている常設の作品群だけでもなかなか楽しめると感じた。

たとえば、ＯＰＡＭのシンボル的存在といえるのが

渡り廊下で道路を横断しOPAMへ。建物の外観からしてアート作品のようで大変絵になる。

マルセル・ワンダースの「ユーラシアン・ガーデン・スピリット」なる作品。約四メートルの卵形バルーンで構成されたインスタレーションだ。各バルーンの表面に描かれた色とりどりの花々が目を引く。

おもしろいのは、この作品は見るだけでなく、手で触って楽しめることだ。バルーンは中に重りが入っており、卵形なので押すとゆらゆら揺れる。展示物に触れるのは厳禁という美術館の常識を覆した仕掛けがユニークだ。

アートを満喫した後は、そのまま歩いてランチスポットへ向かった。初めての大分ということで、狙いを定めたのは定

OPAMに入館してまず最初に目を奪われるのが、卵形をした巨大なバルーン。

1階アトリウムに展示されているプールのような作品もおもしろい。

番のご当地グルメだ。ずばり、「りゅうきゅう丼」と「とり天」である。大分へ行ったら、とりあえずこの二種類はぜひ味わいたいと企んでいた。

　最初に訪れたのは、「りゅうきゅう丼」がウリというお店。一度に両方共味わえたら効率がいいが、あえて違う店を食べ歩くことにした。我ながら欲深いのだが、調べた限りでは「りゅうきゅう丼」が美味しいお店と、「とり天」が美味しいお店は異なるようなので仕方ない。

「りゅうきゅう丼」は店によっては「琉球丼」と漢字表記されている。そう書くと沖縄を連想するのだが、元々の名前の

りゅうきゅう丼を味わう。大分なのに「琉球」というのもなんだか不思議だ。

由来として沖縄からの伝播説もある。魚の切り身を醤油やみりんなどであえたものを大分ではりゅうきゅうと呼び、それをアツアツご飯の上にかけたものを「りゅうきゅう丼」として食べる。

今回訪れた店では、琉球丼が千六百二十円だった。少々高い気もしたが、大分のブランド魚として知られる関あじを使っていると聞いて納得した。魚の上には白ごまと長ネギを刻んだものがたっぷり振りかけられており、味のいいアクセントになっている。お酒に合いそうな一品という感想だ。ランチだったから丼にしたが、夜なら具の部分、つまりりゅうきゆうだけ頼んでつまみにしたくなる。

　ペロリと平らげたあとは、腹ごなしを兼ねて府内城のお堀に沿って少し歩きつつ、次なる店へと向かう。やってきたのは県庁のそばにある「こつこつ庵」という居酒屋だ。すでにお腹は満たされているが、おかずだけ頼むのも気が引けるので、ランチのとり天定食をオーダー。「とり天」はその名の通り鶏肉の天ぷらである。からあげよりも衣の食感がふわっとしており、肉も柔らかくサクサクという感じ。流石にご飯は残したものの、おかずのとり天は完食。

　いやはや満腹である。食べ過ぎでゲッ

とり天は発祥は別府だそうで、147ページでも別途単体で紹介している。

プが出そうなほどである。芸術の秋などと言いつつ、結局食欲の秋になっているのがおかしい。まあ、いつものことであるが。

すっかり大満喫したのだが、旅はこれで終わりではない。帰る前にどうしても立ち寄りたい場所があった。大分といえば――そう、温泉である。大分まで来ておきながら、温泉に入らずして帰るなんて邪道であろう。

忙しない半日旅だから、温泉街まで遠出するほどの時間的猶予はないのだが、そんな慌ただしい旅人にうってつけのスポットを見つけた。場所は大分駅に直結の「JRおおいたシティ」というビルの十九～二十一階。駅周辺でも一際目立つ高層ビルの上層階になんと天然温泉があると聞いて興味を覚えた。本当に駅の目の前なので、帰り際にひとっ風呂浴びるのにちょうどいい。

その名も「シティスパてんくう」というこの温泉施設が、とにかく最高すぎた。

何より素晴らしいのがその眺望だ。天界に住む神さまになったような気分で街を見下ろしながら湯に浸かる贅沢。シンガポールに天空のプールで有名なホテルがあるが、あえて喩えるならばあれの温泉版のようなイメージといえるかもしれない。お風呂からは大分の地形が丸わかりだ。弧を描くようにして広がる湾は大海原へと続き、その一方で内陸部は結構山がちな地形なのだなあということが理解できる。ともあれ、文句なしに絶景である。

施設はできて間もないためピカピカで、お風呂のほかにもサウナや岩盤浴なども利用できる。書籍コーナーもあるし、湯上がりのビールもアサヒの「エクストラコールド」というこだわりぶりだ。旅のオマケというにはもったいないほどで、これだけのためにわざわざ大分まで来ても全然アリだと思えるほどの満足度である。

芸術や文化に触れ、腹いっぱいご当地グルメを味わい、日本一の名湯に浸かる。都会にいながらにして、これだけ濃い旅ができるなんて大分はいいところなのだ。

35 大分県立美術館OPAM

- ●住所：大分県大分市寿町2-1
- ●電話：097-533-4500
- ●営業時間：10時～19時
  （金曜・土曜は20時まで）
  （入場は閉館の30分前まで）
- ●料金：300円（コレクション展）
- ●駐車場：有
- ●アクセス：JR大分駅から徒歩15分

36

鉄道&アニメファン垂涎のW聖地へ

旧豊後森機関庫

大分県
玖珠郡玖珠町

現存する扇形機関庫としては、九州では唯一の存在である。というより、世界的に見てもかなり貴重なのだという。

久留米と大分を結ぶ久大本線が全線開業したのは一九三四年のこと。その重要な中継地点となった豊後森駅には、蒸気機関車の車両基地である「機関庫」がつくられた。最盛期にはここに二十五両もの機関車が収まっていたが、動力がディーゼル化され蒸気機関車が引退したことで、一九七〇年にその役目を終える。

廃止されてからすでに半世紀近くが経っているが、いまもなお当時の姿のまま残っている。廃墟のような場所を想像して訪れたのだが、思いのほか綺麗という感想だ。排煙ダクトが壊れかけていたり、窓ガラスが割れたりはしているものの、鉄筋コンクリート

扇形機関庫と、その前にある転車台。比較的綺麗な形で残っていると感じた。

の建物自体は原形をとどめている。真上から見たときに、まさに扇のような形をしている。それゆえ、扇形機関庫というわけだ。

周囲が妙に綺麗に整備されていることにも感心させられた。地面には芝生が敷き詰められ、解説パネルもしっかり設置されている。廃止された当初は二十年以上もそのまま放置されていたそうだが、現在は国の登録有形文化財にも登録され、近代遺産として観光地化が進められている。鉄道の歴史に触れられる屋外型のミュージアムといった感じだ。

扇形の車庫に加えて、「転車台（てんしゃだい）」が見ら

機関庫の裏手へ回った。割れた窓ガラスのほか、戦時中に米軍機から受けた弾痕が見られる。

れることも豊後森の特徴である。

前後どちらにも進める現在の電車と違って、蒸気機関車では進行方向が決まっており、方向転換させる装置が必要だった。転車台からは扇形機関庫へと放射線状に線路跡が伸びている。車庫の機関車を出し入れする際には、この転車台に車両を乗せ、ぐるりと回転させることで車両の向きを転換させていたのだ。

個人的には『きかんしゃトーマス』を思い出したりもした。子どもたちの永遠の憧れともいえるあの名作には、まさに扇形機関庫や転車台が登場するのだ。

豊後森駅のある玖珠(くす)は、かつて鉄道の町として栄えたところ。戦時中は軍事輸送の拠点だったことで、米軍機の機銃掃射にも遭っている。建物の裏側にぐるっと回り、外壁を見ると、そのときの弾痕が確認できた。死者も出ているというし、単なる鉄道遺産ではなく戦争遺産、あるいは負の遺産などと言ってもいいだろう。

機関庫は内部には入れないようロープが張られている。基本的には外側から見学する形なのだが、それでも建物にかなり接近できるので、生々しい様をこの目にできる。

旧豊後森機関庫のもう一つの目玉といえるのが、機関庫の前に止まっている蒸気機関車。９６００形のＳＬ２９６１２で、「キューロク」の愛称で呼ばれている。なんと本物のＳＬが展示されているのだ。

一九一九年〜一九七四年の五十五年間にわたって、主に長崎本線や唐津線で旅客、貨物の輸送に活躍した車両で、長崎に原爆が投下された時期には多くの被災者を乗せて走った。廃車となった後は福岡県志免町で静態保存されてきたが、二〇一三年に解体処分が決まると、惜しむ声が多数寄せられ、最終的に玖珠町が譲り受けたのだという。

朽ちた機関庫をバックに年代物のＳＬ車両が佇む光景は恐ろしくフォトジェニックだ。

機関庫とSLという組み合わせを目にして、現役当時の情景を思い浮かべた。

SLが止まっている位置が、転車台から出てきた辺りなのも臨場感がある。

「なんだか、いまにも走り出しそうだなあ……」

そんな印象を抱くのだが——実は、本当にこの機関庫の前のSLが走り出す映像が話題を集めた。それも実写ではなく、アニメーションである。

「HAPPY PARTY TRAIN」という曲のプロモーションビデオが、ここ旧豊後森機関庫を舞台にしているのだ。舞台といっても参考程度ではなく、かなり忠実に再現されている。窓ガラスの割れっぷりまでもそのままだったりしてビックリさせられる。

歌っているのは、『ラブライブ！　サンシャイン!!』に登場するスクール・アイドル「Ａｑｏｕｒｓ（アクア）」。歌詞がモロに旅をテーマにしたもので、アップテンポで盛り上がる一曲だ。旅好きとしては琴線に触れるものがあり、初めて聴いたときからそのエモさに心奪われた。ＹｏｕＴｕｂｅに公式動画が上がっているので、アニメは興味がないという人も、この地へ訪れるのなら予習がてらぜひ観てほしい。

機関庫やＳＬを見学した後は、敷地内に併設された豊後森機関庫ミュージアム

ここまで来たらミュージアムにも立ち寄りたい。丸の中に「森」のロゴが洒落ている。

豊後森機関庫の歴史に触れる。鉄道マニアでなくても興味をそそられる
展示内容と感じた。

ミュージアム内には休憩スペースも。アニメファンが残していった
ノートが気になった。

にも立ち寄った。元は作業員詰め所だったという建物がお洒落にリノベーションされている。デザインしたのは「ななつ星in九州」など、ＪＲ九州の鉄道を数多く手がける水戸岡鋭治氏だ。氏が手がけた作品のほか、機関庫に関する資料が多数展示されている。現役当時の機関庫を再現したジオラマはとくに見応えがある。

ミュージアム内にも、前述した「HAPPY PARTY TRAIN」のＣＤや関連グッズなどが多数展示されていた。鉄道マニア垂涎の聖地でありながら、アニメファンにとっても別の意味での聖地になっている事実が興味深い。

36　旧豊後森機関庫（豊後森機関庫ミュージアム）

- ●住所：大分県玖珠郡玖珠町大字岩室36-15
- ●電話：0973-77-2222
- ●営業時間：10時～16時
- ●定休日：月曜（祝日の場合は翌日）
- ●料金：100円
- ●駐車場：無
- ●アクセス：JR豊後森駅から徒歩5分

37

新感覚！「風を読む」〝操縦体験〟

佐賀(さが)バルーンミュージアム

佐賀県
佐賀市

佐賀駅から路線バスに乗って、県庁の少し手前で降りる。すると、周囲でも一際立派な建物が目の前に現れた。外壁に「ＢＡＬＯＯＮ　ＭＵＳＥＵＭ」と英語で書かれたその建物に、見るからに外国人と思しき観光客が入っていく。国際色豊かな観光施設なのだなあ、というのが第一印象だ。

佐賀といえばバルーン、バルーンといえば佐賀である。自分の中ではそれぐらいの強いイメージがあるのだが、そもそもなぜ佐賀＝バルーンなのかはよく知ら

よく見ると、ミュージアム建物の外壁にもバルーンがあしらわれているのがわかる。

ない。そこで訪れたのがここ、「佐賀バルーンミュージアム」だった。気球について扱うミュージアムというのは珍しい。まさに佐賀ならではの施設といえるだろう。

展示内容はバルーンの歴史や仕組みについて学べるものとなっている。それらを見ていくうちに、佐賀＝バルーンの理由についてもすぐに判明した。

バルーン博士になれる？「かぼちゃ型」など、バルーンにもさまざま形があるのだとか。

佐賀市で初めて熱気球大会が開催されたのは一九八〇年のこと。それまで福岡県甘木市（現・朝倉市）で開催されていたが、会場を佐賀に移して開かれた。最初はローカルな大会だったが、間もなく世界選手権へと規模を拡大する。いまでは毎年百機以上ものバルーンが参加し、八十万人を超える観客動員を誇るという「佐賀インターナショナルバルーンフェスタ」が開かれるまでに成長した。

広々とした佐賀平野は地形的に気球が飛びやすい。佐賀は一年を通して気候が穏やかで、気流が安定していることも気球にとっては好条件なのだという。

ミュージアムは専門性の強い内容ながら、インタラクティブな仕掛けも駆使してわかりやすく解説されている。日本の航空法では熱気球は航空機ではないため、法律上の操縦免許制度はないのだとか。バルーンの球皮はナイロンやポリエステル製で、近くで見るとほとんどキャンプ用のテントの素材と変わらないなど、色々と発見があった。

とくにおもしろかったのがフライトシミュレーターだ。バルーンのパイロットになり、操縦体験が行える。熱気球はバーナーで温度を変えることで高さをコントロールする。高さによって風の向きや強さが変わるため、高度を調整して自分が進みたい方向の風に乗るわけだが、やってみるとこれが結構難しい。バルーンと

フライトシミュレーターで操縦体験。温度を調整して高さを変えながら、風に乗って進む。

は「風を読む」乗り物であるという説明を読んで、なるほどと得心したのだった。

「〝天気に左右されず〟〝いつでも〟バルーンを体感できる日本初のミュージアム」

公式サイトにはこのように紹介されている。バルーンは佐賀を代表するほどの観光資源ながら、普段、競技が行われていないときには見学する手段がない。そこで常設の展示施設として開設されたのがこのミュージアムというわけだ。

――と、ここまで書いてきたところで、話は急展開する。

実はミュージアムを訪れたのは、予習的な意味合いもあった。バルーンフェスタが開かれるのは、毎年十月末から十一月初旬にかけて。見事に我が家のプチ移住のタイミングと重なっていた。これも何かの縁というわけで、そう、観に行ってきたのである。

佐賀インターナショナルバルーンフェスタ――ここからは二〇一八年度の大会レポートをお届けする。

大会は五日間にわたって行われるが、全日程でバルーンが上がるのは朝および夕方の一日二回のスケジュールになっている。これはバルーンの飛行は風のあまり吹いていない日の出後や日の入り前が適しているからだと、ミュージアムでも説明されていた。

狙いを定めたのは朝の部だ。当日は早起きして、まだ暗い中クルマを走らせた。早すぎる気もしたが、やはり少しでもいい場所で見たい。花火大会などもそうだが、この手のイベントを楽しむうえでは場所取りが超重要である。

ところが会場の近くまでやってくると、道路の端にクルマが縦列駐車するかのようにして連なっていて呆然とした。なんと駐車場へ入るために行列ができていたのだ。どうやら甘く見ていたようだ。平日の早朝だというのに、これほどの渋滞が起きるなんて想像もつかなかったが、さすがは佐賀市最大のイベントというだけのことはある。

そういえば、別の日に佐賀からはかなり遠い福岡県の片田舎にある某駅にいたときにも、その日のバルーンフェスタの実施状況が構内アナウンスで流れたりしていた。それだけ電車の混雑状況などに大きな影響があるのだろう。佐賀だけでなく、九州北部全体で見ても特別なイベントらしいと理解したのだった。

今回はクルマで訪れたが、会場のすぐそばにはその名も「バルーンさが駅」がある。年に一回、本大会の開催期間にだけ開業するレアな駅だ。すぐそばと書いたが、ほとんど会場の中と言っていいほどの好立地なので、渋滞を避けられることを考えると、実は電車でアクセスするほうが遥かに便がいい。

駐車場にクルマを停めたのが六時二十分。朝の競技は七時からなので、なんとか間に合った。競技開催の可否および競技内容については、開始ぎりぎりまでわからない。気球は天候状況に左右されるため、直前にブリーフィングを行い決めるのだという。

「今朝の競技は……あります！」

ブリーフィングが終わったようで、その結果を会場内に流れるアナウンスが告げている。「あります！」という力強い一言を聞いて、ああ良かったと心から安堵した。

バルーンが飛ぶには風の影響が大きく、競技自体が中止になることも驚くほど多いのだという。たとえば二〇一七年の履歴を見ると、五日間計十回のフライトのうち、なんと四回も中止になっている。陸地と上空では風の強さが異なるため、陸地ではほとんど無風といえるような状況でも中止になったりする。

「えっなんで？」と戸惑うが、これればかりは仕方がないのだ。

それゆえ九州外など、遠方からわざわざ観に来るのであれば、一発勝負は避けたほうが無難だ。スケジュールには余裕を持たせ、最低でもせめて二日間は滞在するようにしたい。朝、夕方と競技は一日に二回なので、二日いればチャンスは四回になる。その点はやはり地元民や福岡近郊住まいの人間が圧倒的に有利だ。半日旅で気軽に観に行けるから、もしダメだったとしても期間中に再挑戦すればいい。

その日行われる競技は「フライ・イン」に決まった。その内容をスンナリと理解できたのはミュージアムで事前に予習していたお陰だ。フライ・インでは、バルーンは数キロ離れたところから離陸して会場まで飛んでくる。そうして地面に描かれた「ターゲット」に向かって、上空から「マーカー」を落とす。マーカーの落下地点とターゲットとの距離が近いほど高得点が得られる。

これは誤解しがちな部分だが、バルーン競技で争っているのは早さではなく正確さだ。どんなに時間がかかっても、制限時間内に目標の最も近くへ行けたものが勝者となる。

バルーンフェスタの会場は河川敷で、見学者は土手に座って気球がやってくるのを観戦する。次々と気球が近づいてきて、マーカーを落としていくのだが、これが見るからに難しそうだ。昨年度のチャンピオンというチームでさえも、かなり離れたところに落としていた。

バルーン内の空気をバーナーで温める。外気との温度差が生じることで、浮力が得られる。

サイゲームスなど佐賀に縁の深い企業のバルーンが存在感を示していた。

「もう少しこっちに来てから投げればいいのに……」

見ている側はそんな勝手なことを言いたくなるが、狙い通りの場所へ気球を動かすのは並大抵のことではないのだろう。技術だけでなく、風という運要素もかかわってくる。

さらには、バルーンはチームスポーツであることも忘れてはならない。大きなバルーンを飛ばすためには、最低でも三～四人のメンバーが必要だという。パイロットだけでなく、地上のクルーも一丸となって大きな目標に挑む。

競技中はアナウンスでの実況が行われ

ている。これが迫力満点で素晴らしいと思った。競技内容の説明や各チームの紹介はわかりやすいし、テンション高めの実況でマーカーを落とす決定的瞬間などをこれでもかと盛り上げてくれる。

ターゲットのかなり近くにマーカーを落とせたチームには、「やったー！　やったー！」とコールを贈り、パイロットがそれに合わせて手を振ってくれたり。

解説によると、この日は計百九機ものバルーンが飛んだのだという。気球のデザインはさまざまで、中にはイチゴやスイカの形をしたものもある。競技も楽しいが、色とりどりの無数の気球が空に浮

対岸からは、水面にバルーンが映り込んだリフレクションの写真が撮れる。

露店もたくさん出ており、会場にはお祭りムードが漂う。佐賀の名産品を探す楽しみも。

かぶさまを眺めているだけでも強い感動に包まれる。

バルーン競技にはほかにも「一斉離陸」というものがあって、フライ・インとは逆に河川敷から気球が飛び立つ。一般的に人気があるのはこちらで、写真でよく目にするのも大抵は一斉離陸のものだ。フライ・インが「外れ枠」とまでは思わないものの、僕自身もできれば一斉離陸を目にしたいと願っていた。

運営側もそんなギャラリーの気持ちを理解しているのかもしれない。訪れたのが初日の朝だったから、景気づけのような意味合いもあるのだろう。実は競技に先だって、オフィシャル気球などメイン競技以外の二十機弱の気球が、目の前から佐賀平野へと飛び立っていった。数こそ少ないものの、それでも十分に幻想的な光景で、朝からウットリさせてもらったのだった。

ちなみに一斉離陸の写真を撮るなら、川の対岸から狙うのがセオリーだ。水面に気球が映り込んだ、フォトジェニックな光景が見られる。対岸まで行くには歩いてぐるりと迂回しなければならないが、写真好きなら行く価値はあると感じた。

大会は五日間にわたって行われる。二日目は「キッズデー」だというので、次の日も今度は子どもたちを連れて訪れたりもした。会場内には露店が数多く出て、巨大なテントの中では飲食コーナーや、特産品の販売なども行われている。その会場で見つけた「あんみつ姫」というブランド名の佐賀のご当地みかんがあまりに美味しくて、思わず三箱も箱買いしたことを最後についでに付け加えておく。

37 佐賀バルーンミュージアム

- ●住所：佐賀県佐賀市松原2-2-27
- ●電話：0952-40-7114
- ●営業時間：10時～17時
  （最終入館16時30分）
- ●定休日：月曜（祝日の場合は翌日）
- ●料金：500円
- ●駐車場：有
- ●アクセス：JR佐賀駅からバス5分
  →徒歩1分

38

おもしろすぎる「薬の歴史」で知識欲を満たす

中冨記念くすり博物館

佐賀県
鳥栖市

身体が丈夫なだけが取り柄だと思っていたのも三十代までのこと。四十歳を過ぎてから自分でも驚くほど病気や怪我に悩まされる機会が増えた。気持ちはまだまだ若いつもりだが、肉体的には年齢相応に衰えも出てきているのだろう。

「中冨記念くすり博物館」のようなスポットには、以前の自分ならきっと興味を示さなかった気がする。その名の通り、薬にまつわる歴史や文化を紹介する施設だ。

設立したのは「サロンパス」などで知られる久光製薬。全国的にもその名を知られる製薬会社の本社は佐賀県鳥栖市にあるのだと、いまさらながら今回のプチ移住を通じて知った。佐賀を代表する企業のひとつらしい。同社の創業百四十五周年記念事業として設立されたのがこの博物館だ。

博物館の所在地も鳥栖市となっている。ＪＲ鳥栖駅からクルマで十分ぐらい。本数が少ないものの、駅からはミニバスも出ている。

到着してまず驚いたのは、建物のモダンな佇まいだ。薬の博物館と聞いて良くも悪くも地味なスポットを勝手に想像していたが、博物館というよりも美術館といった洒落た雰囲気で予想を裏切られた。石とガラスを基調にしたこの建物を設計したのはイタリアの現代彫刻家だという。建築家ではなく彫刻家というところがユニークだ。

JR鳥栖駅で降りた。本数は少ないが、駅から博物館近くまで行けるミニバスも出ている。

博物館へやってきたはずが、まるで美術館のような佇まいでハッとさせられた。

1階では新薬がどのようにして開発されているかなど、主に現在の薬事情について紹介。

博物館は二階建てで、入館してまずは一階から見学した。この階の見どころとしては、十九世紀末のイギリスの薬局を移設した「アルバン・アトキン薬局」が挙げられる。ロンドン郊外にあった店のすべてを日本に持ち込み、当時の店内を完全再現している。現在では薬を処方するのは医者の役割だが、かつては薬剤師も処方していたのだという。

個人的には、こういう海外ネタにはとくに惹かれるものがある。ほかにも世界最古の薬はメソポタミア文明で生まれたとか、南極はウイルスが存在せず風邪をひきにくいなど、酒の席で披露するのに良さそうなちょっとした蘊蓄が印象に残ったが、全体的な感想としては実はいささか期待外れだったのも正直なところだ。

一階では主に現在の薬に関する情報を取り扱ってい

る。薬が人体にどのように働きかけるかや、新薬開発の過程などが紹介されているのだが、学校の理科実験室にあるような骸骨の人体模型が展示されていたりして、なんだか全体的に科学のお勉強といった感じがした。根っからの文系人間には難解なのだ。

「これは失敗したかな……」

　ところが投げやりな気持ちで二階へ上がったら、こちらは一転してめちゃくちゃおもしろかった。一階が現在の薬事情なのに対し、二階では歴史を繙（ひもと）く内容となっている。

　この地で薬が発展したのは、江戸時代

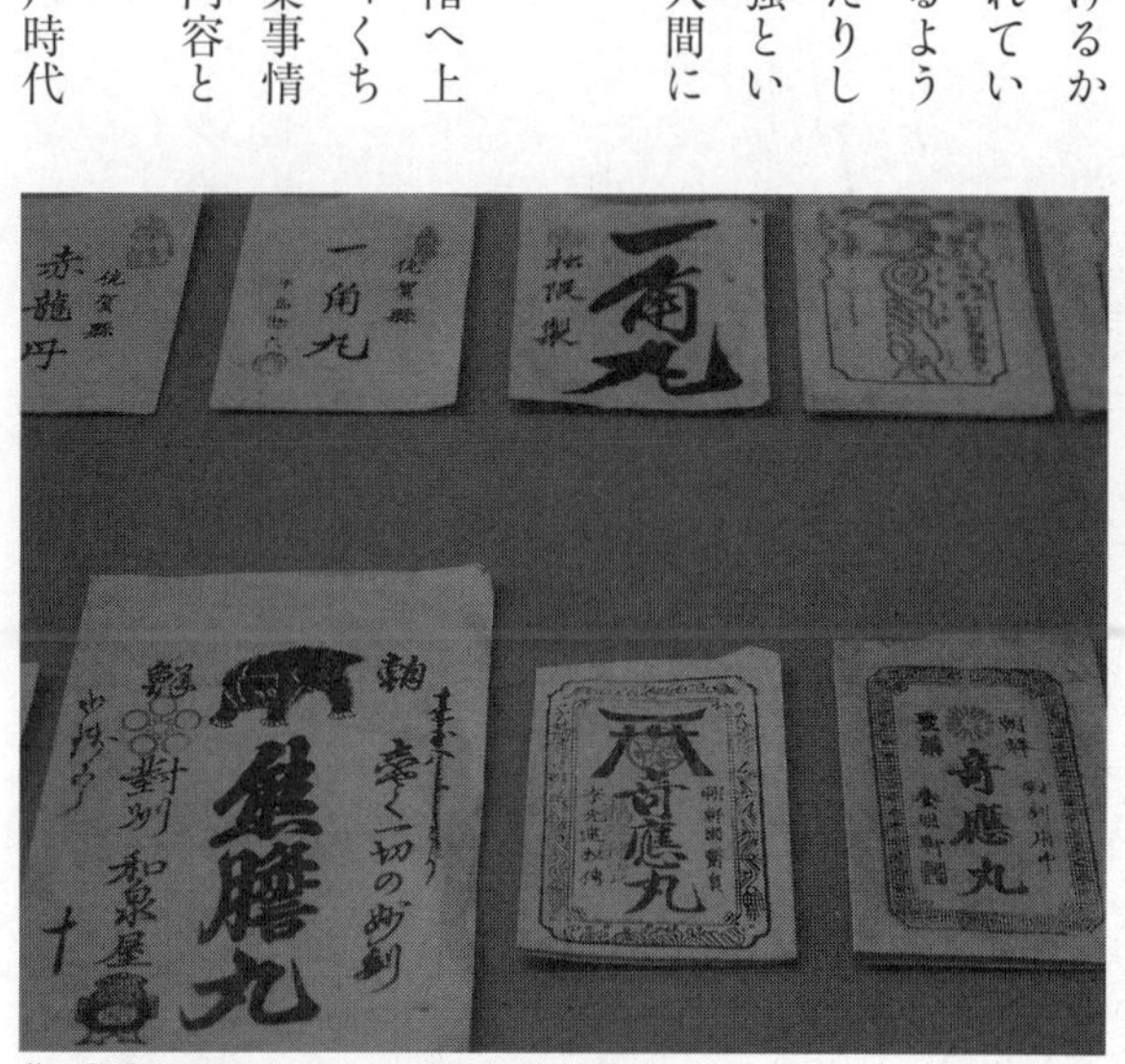

昔の薬袋が展示されていた。書体なども雰囲気があってデザイン性が高い。

に朝鮮貿易を独占していた対馬藩の飛び地だったことに由来する。対馬藩田代領に発祥した田代売薬は「田代のくすり」と呼ばれ、越中（富山県）、大和（奈良県）、近江（滋賀県）と並ぶ日本四大売薬としてその名を轟かせる。館内には、当時の薬や行商道具などが展示されているほか、江戸時代のくすり屋の店内が再現されていたりして、なかなか見応えがある。

東京の我が家では、いわゆる「富山の薬売り」にお世話になっていたことがある。常備薬が詰まった薬箱を家に置き、使ったぶんだけ定期的に家を訪ねてくる薬売りにその代金を支払う。この仕組みは「先用後利」あるいは「配置売薬」などと呼ばれ、田代売薬でも同様のやり方で商いが行われてきた。

田代のくすりは膏薬を和紙に塗った貼り薬で人気を集めたのだという。

「なるほど、つまりはサロンパスのルーツということか」

いまでは新薬には特許が認められており、一定の期間を経てジェネリック医薬品として廉価版が流通するという流れが確立されている。ところが、昔は規制などもゆるく、サロンパスがヒットするとまもなく類似品が出回り始めたのだという。久光製薬が設立した博物館ならではといえる、そんな実話も印象に残った。

類似品の実物が展示されていたが、「サンハパス」「コロンパス」など名前が似ているだけでなく、デザインまでそっくりであれまあと呆気に取られた。ただし、昔は薬仲間どうしで協力しあう、共存共栄の精神も根づいていたのだとフォローもされていた。

ほかにも展示内容で興味深いのが、薬の材料となる生薬（しょうやく）の紹介だ。自然の中にある動植物や鉱物が医薬品の原料になっていることが改めて理解できる。

たとえば、タツノオトシゴは難産に効

博物館裏手にある「薬木薬草園」では、くすりの元となる植物が見られる。

鳥栖に来たら、駅のホームにある立ち食いうどん屋へ。知る人ぞ知る名店だ。

き痛みを抑えるだとか、イッカクの角は解毒解熱の効能があるとか。あるいは馬宝と呼ばれる、馬の胃腸の中にできる結石が小児のひきつけに効くだとか。いったい誰がどのようにして発見したのだろうか……と疑問に思うほど珍種の素材が用いられたりしている。薬の世界は奥が深いのだ。

考えたら、薬代わりの民間療法のようなものは古くから言い伝えられてきた。風邪をひいたらネギを首に巻く、などは有名だろうか。博物館では世界の民間療法についても紹介されていて、ロシアではウォッカに胡椒を入れるとか、スイスでは耳に玉ねぎをあてるなど、えっそれ本当に効くの？ とビックリさせられるのだが、中には迷信というか、都市伝説というか、科学的根拠のないものもあるのだという。

博物館の裏手には、その名も「薬木薬草園」という屋外型の植物園のような施設がある。約二千六百平方メートルと広い敷地内には、山野草をはじめ、紅・黄葉樹、果樹、ハーブなど約三百五十種類にも及ぶ植物が見られる。それらはすべて何らかの効能を持ち、薬となるものだ。博物館の入館料で入園できるので併せて見学するといいだろう。

38 中冨記念くすり博物館

- ●住所：佐賀県鳥栖市神辺町288-1
- ●電話：0942-84-3334
- ●営業時間：10時～17時（最終入館16時30分）
- ●定休日：月曜（祝日の場合は開館、翌火曜休館）
- ●料金：300円
- ●駐車場：有
- ●アクセス：JR鳥栖駅よりタクシー10分

福岡県中間市

39

屋根のない博物館

一風変わった名前の博物館だが、その正体は遊歩道である。両脇にはスフィンクスやモアイなど、世界各地の名だたる石像のレプリカが立ち並ぶ。休憩場所はパルテノン神殿だ。何のためにつくったのか……と考えるのは野暮というものだろう。

●住所：福岡県中間市中央2
●アクセス：JR中間駅から徒歩1分

福岡県北九州市

40

北九州市漫画ミュージアム

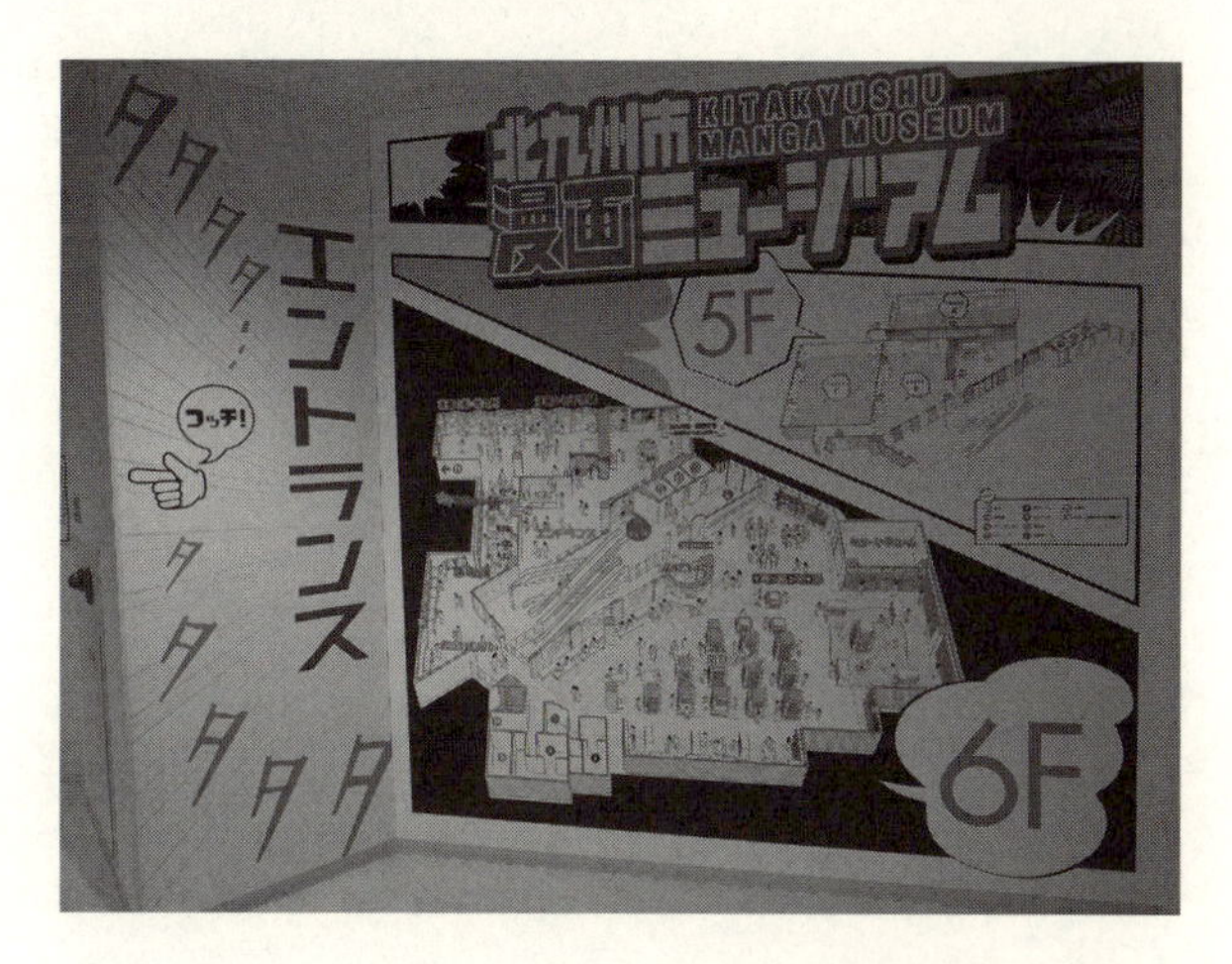

いまやポップカルチャーの街として花開いた北九州。その拠点とされる「あるあるCity」内の施設がここ。名誉館長を務めるのは、『銀河鉄道999』などで知られる漫画家・松本零士氏。JR小倉駅北口にはメーテルや鉄郎などの銅像も立つ。

●住所：福岡県北九州市小倉北区浅野2-14-5あるあるCity5階・6階
●電話：093-512-5077
●時間：11時～19時（入館は18時30分まで）
●定休日：火曜（祝日の場合は翌日）
●料金：480円（常設展）　●アクセス：JR小倉駅から徒歩2分

福岡県北九州市

41

北九州市立いのちのたび博物館

全部は見きれないほど広い博物館だが、中でもティラノサウルスの骨格標本など恐竜関連の展示がとくに充実。環境照明や映像を駆使して白亜紀の北九州を再現した360度体感型のジオラマも圧巻の出来だ。この内容で入館料600円は格安かも。

●住所：福岡県北九州市八幡東区東田2-4-1
●電話：093-681-1011　●時間：9時～17時（入館は16時30分まで）
●休館日：6月下旬頃（害虫駆除）
●料金：600円（常設展）　●駐車場：有
●アクセス：JRスペースワールド駅から徒歩5分

福岡県福岡市

42

福岡(ふくおか)アジア美術館(びじゅつかん)

アジアのアーティストが生み出す作品は、西洋美術とはまた違った魅力がある。博多中心部にあって行きやすく、個人的に昔からお気に入りの美術館。常設展は写真撮影OK。毎年夏に開かれる特別展「絵本ミュージアム」もかなりオススメだ。

●住所：福岡県福岡市博多区下川端町3-1 リバレインセンタービル7・8階
●電話：092-263-1100
●観覧時間：9時30分〜18時（金土は20時まで）、ギャラリー入室は閉室30分前まで
●定休日：水曜（祝日の場合は翌日） ●料金：200円（アジアギャラリー）
●アクセス：JR博多駅から市営地下鉄で3分

第6章　城・世界遺産・史跡

43

志賀島（しかのしま）

あの「金印」が出土した〝神話の島〟を巡る

福岡県
福岡市

あまりに定番すぎるスポットかなと思い、あえて本書では紹介していないが、福岡市博物館はものすごく見応えがあった。建物は立派だし、展示物も多岐にわたる。せっかくプチ移住するのだから、郷土史などをもっと深く知りたい。取材のネタ探しも兼ねられるし……と訪れたわけだが、この博物館でとくに気になったものが二つある。

まずは、黒田節の逸話で知られる武将・母里太兵衛（もりたへえ）が愛用したとされる名槍「日本号」。伝説級の武具の実物に戦国好きとしては心ときめかせたが、もう一つの展示物にもさらなる歴史のロマンを感じられた。何かというと、「金印」である。

「漢委奴国王」を何て読むか――そんな問題が社会科のテストに出た記憶がある。

答えは「かんのわのなのこくおう」であるというのは、わざわざ言うまでもない常識だろうが、金印の実物が福岡の博物館で常設展示されており、誰でも見学できることは九州外の地域ではあまり知られていない気もする。

金印は、紀元五十七年に後漢の光武帝が奴国の王に与えたとされる。「委（わ）」は当時の日本の呼び名、「奴（な）」は福岡地方の小国の名前だ。一世紀というと日本が弥生時代の頃だが、それほどの大昔にもかかわらず「紀元五十七年」と年代が妙にハッキリ特定されていることに驚かされる。これは裏付けとなった資料が国内のものではなく、中国の『後漢書』に記載されていたためだ。

教科書に載っていた写真から勝手に巨大なものをイメージしていたが、金印は実際にはビックリするぐらい小さい。一辺がわずか二・三センチしかないのだ。ただしほぼ純金製のため、重さは百八・七グラムとサイズの割にはずっしり重い——らしい。実際に手に持つことは不可能なので想像するしかないが。

どれぐらい小さいかというと、筆箱に入っている消しゴムより小さい。赤ちゃんがいる家庭ならば、誤飲しないよう手が届かない場所に置かねばならないほどの小ささだ。

金印が発見されたのは十八世紀のこと。誰かの目に触れるまでに千七百年もの長い年

海神の総本社である志賀海神社。自然に囲まれたロケーションからして心が洗われる。

月を経たわけだが、それもこの小ささなら仕方ないといえる。むしろ、よくぞこんな小さなものを見つけたなあと感心させられるほどだ。

志賀島を訪れることにしたのは、そこが金印が出土した場所だと聞いたからだ。いったいどんなところで発見されたのか、この目で見てみたいと思った。

博多湾の玄関口に位置する志賀島は、古くから海上交通の要衝だったという。航海術に長けた古代海人族の「阿曇氏」発祥の地でもあり、『万葉集』でもこの地での営みについて詠まれている。

そんな「神話の島」ならではの見どころといえるのが、志賀海神社だ。クルマで来ると島へ入ってすぐの場所にあるので、まずはここから立ち寄った。樹木に覆われた山道の入口に小さな鳥居が立っており、ここを登っていくと神社の境内へ辿り着く。あたりはなんだかプリミティブな雰囲気だ。

この神社は全国にある「海神の総本社」で、海の守護神として信仰されている。日本各地、とりわけ離島や沿岸部を旅しているとたまに「海神神社」という名の神社に出くわすことを思い出した。そうか、ここが本拠地だったのか。

志賀海神社で一際異彩を放つのが「鹿角堂」だ。建物の中に鹿の角が堆く積まれており、なんだこれはと目を奪われた。これらは祈願成就のお礼として奉納されたもので、現在では一万本以上もの角が収納されている。元々は対馬で鹿狩りを行った神功皇后が奉納したことが起源なのだという。境内には鹿の像も立っていたりして鹿尽くしだ。

なんだこれはと驚かされた。神社の鹿角堂には膨大な数の鹿の角が奉納されている。

なるほど、志賀島の「しか」は「鹿」から来ているのねと納得しかけたが、どうやらそれは違うようで、近の島（ちかのしま）が訛ったという説が有力らしい。

神社に続き訪れたのが、「潮見公園展望台」だ。島の内陸部の標高の高い場所にあって、見晴らしが素晴らしい。展望台が設けられ、最上部からは福岡の街並みから玄界灘までパノラマの景観が広がっている。海を挟んですぐの対岸には能古島のお花畑も望める。この手のスポットではお約束ともいえる、南京錠もたくさん付けられていた。カップルで愛を語ら

潮見公園には立派な展望台がつくられている。期待した以上の眺望に思わずニンマリ。

展望台から福岡方面を望む。ここまで通ってきた海の中道のユニークな地形もよく見える。

うには最適なデートスポットなのだろう。

それにしても、展望台から俯瞰してみると、不思議な地形の島であることがわかる。来る途中で通ってきたが、島は砂州である「海の中道」によって陸地と繋がっている。正確には「陸繋島」というのだそうだ。

志賀島へ続く道。島とはいえ陸続きなので、クルマで簡単にアクセスできるのがいい。

ちなみに国内だとほかに江の島や函館山、海外だとマカオや修道院で有名なフランスのモンサンミシエルなどが陸繋島として知られる。その名の通り、陸に繋がった島のことを表す用語だが、分類として果たして島なのか、それとも陸なのかという点に関してはさまざまな主張があるのだとか。

潮見公園の駐車場には車上狙いに注意するようにと警告看板が出ていた。

「車内にバッグ等を置くとガラスを割られます」などと書かれており物騒なのだが、確かに人気があま

福岡市博物館所蔵　画像提供：福岡市博物館 DNPartcom

福岡市博物館に展示されていた金印の実物。写真で見ると大きそうだが……。

りない。訪れたのは土曜日だったが、週末の割には志賀島全体で人が少ない印象を受けた。同じ島でも、対岸の能古島が観光客でごった返しているのとは対照的だ。それだけ穴場なのだといえるかもしれない。

志賀海神社、潮見公園と寄り道しながらクルマを走らせ、ようやくお目当てである「金印公園」に到着した。二〇一八年にリニューアルオープンしたばかりで、スロープが作られ、桜の木が植樹されていたりして綺麗に整備されている。綺麗すぎて、古代史にまつわるスポットには見えないぐらいなのだが、金印は確かにこの近辺で見つかったのだと説明が書かれている。
なぜここにあったのかは謎に包まれている。また、発見者は甚兵衛という島の農民だったが、役所へ届け出るまでに三週間の猶予があったという。報告が遅れたにもかかわらず、白銀五枚という豪華な褒美を与えられている。財布を拾って届けたらお礼に一割もらえるなどという習慣もなかった時代だ。仮に自分が拾ったとしたらどうしただろうか。甚兵衛になったつもりで、想像を巡らせてみるのも楽しい。

　公園には金印のレプリカが展示されていた。博物館で実物も見ているが、こうして改めて観察すると精巧な作りに感心させられる。つまみの部分はとぐろを巻いた蛇を象ったものとなっているという。そう言われて気がついたが、よく見ると確かに蛇である。ちなみ

金印公園には金印のレプリカのほか、「漢委奴国王」が刻印されたモニュメントも。

志賀島の北端には砂浜のビーチが広がっている。夏は海水浴に良さそうだ。

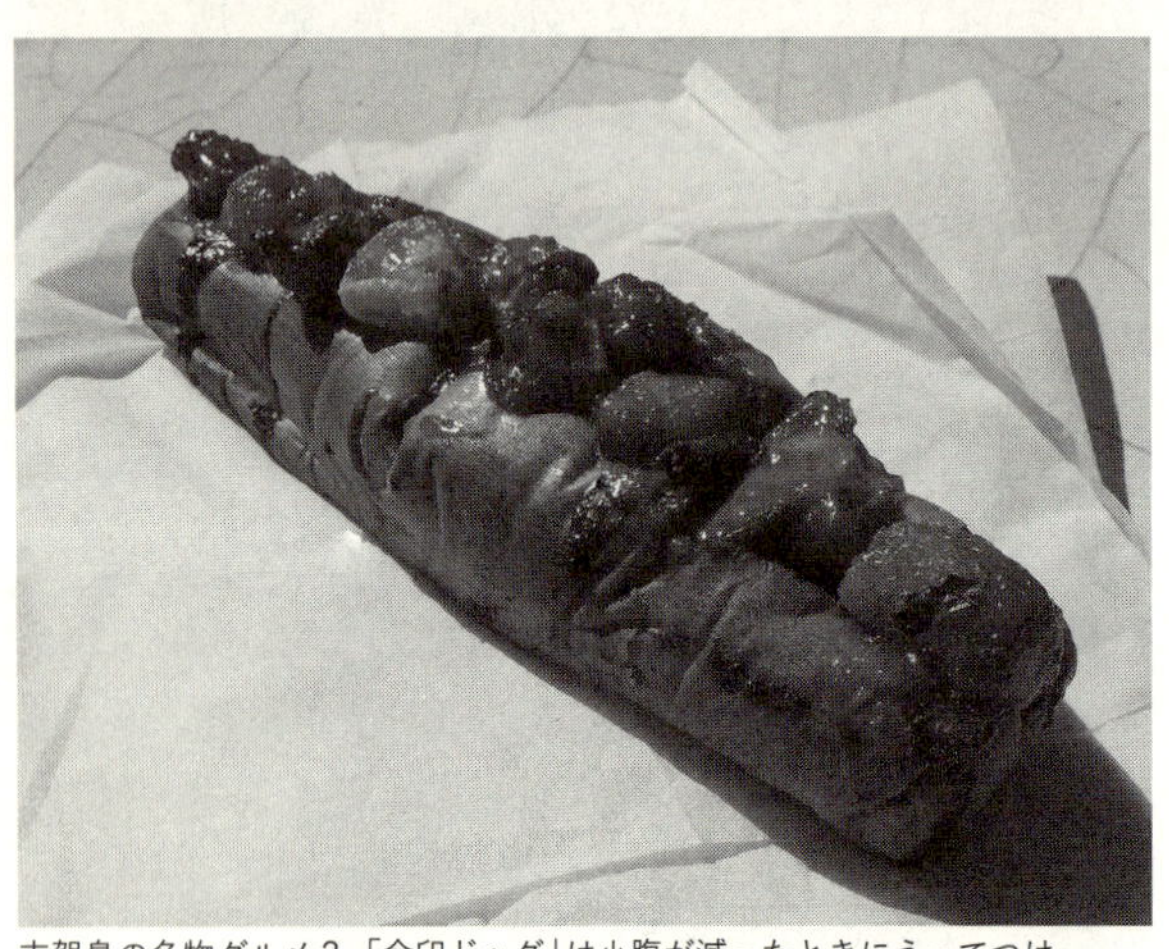

志賀島の名物グルメ？「金印ドッグ」は小腹が減ったときにうってつけ。

につまみ部分は穴が貫通しているが、これは紐通しだ。

　金印は公文書や荷物を封印する目的に使われた。荷物や文書を入れた箱を紐でしばり、結び目に付けた粘土に金印を押して封をする。いわば、鍵のような役割を持つ。一世紀に大陸との間で交流が行われていた事実を証明する貴重な証拠品だ。

　志賀島は周囲十二キロの小さな島だが、ほかにも蒙古襲来に関する史跡なども残っている。島をぐるりと回る、その名も「金印海道」という海岸沿いの道を走っていくと、玄界灘に面した砂浜のビーチが現れた。海水浴シーズンではないが、海はとびきり綺麗で見ているだけで心癒やされる。潮風を浴びながら浜辺を少し散策し、ビーチのそばで見つけた立ち寄り湯に浸かってから帰路についた。

43　志賀島

●住所：福岡県福岡市東区志賀島
●アクセス：JR西戸崎駅からバス10分

44

中津城

天才軍師・黒田官兵衛が築いた技ありの名城

大分県
中津市

黒田の名を天下に轟かせた功労者といえば黒田官兵衛であろう。信長、秀吉、家康の三英傑にも恐れられた天才軍師として知られるが、筑前五十二万石の福岡藩の藩祖＝初代藩主となると官兵衛ではなく、その息子の長政になる。関ヶ原の戦いを経て江戸幕府が開かれた頃には、すでに隠居の身だったからだ。

九州征伐における功を認められた官兵衛は、秀吉から豊前国のうち六群、およそ十二万石（後の太閤検地により十六万石）を拝領する。そして一五八八年、その居城として最初に築いたのが中津城だった。近代城郭としては九州最古のお城になる。

僕が官兵衛に感銘したのは、通っていた高校の図書館で借りた吉川英治の『黒田如水』を読んだことがきっかけだった。当時プレイしていた戦国系ゲームの影響でその名前だけは知っていたが、何をした人物かはよくわかっていなかった。

「こいつ、やたらとステータスが高いな……」

ゲーム内でのキャラクターの能力値が突出していたのだが、小説を読んで納得した。秀吉の右腕的存在として、その天下取りに貢献。生涯で一度も合戦に負けたことがなかったというから、ほとんどチート級の武将といっても過言ではないだろう。

中津城は川や海に隣接した自然の要塞であり、「日本三大水城」のひとつに数えられる。本丸の石垣と内濠は往時の姿のまま残っている。水門より海水が入り、潮の満干で濠の水が増減するのだという。

河口にあたるこの地に官兵衛が築城したのは、瀬戸内海を経て近畿地方へ至る海路を確保するのに適していたからだ。上方で政変が起きたときに、いち早く情報を収集するために早舟を配していた。

天守のそばに設けられた資料館へ。官兵衛の波乱に満ちた生涯が紹介されている。

実際、関ヶ原の合戦の際には、挙兵の動きを素早く察知してすぐに行動に移している。官兵衛は九州内の西軍の城を次々と陥落させていく。息子・長政が家康に味方して東軍で武功を立てる一方で、官兵衛自身は密かに自らの天下も夢見ていたというのが定説だ。その拠点となったのがここ中津である。

中津城内にはその名も「黒田官兵衛資料館」なる施設があって、官兵衛の生涯について解説されている。開館したのが二〇一四年。ちょうどその時期にＮＨＫ大河ドラマで「軍師官兵衛」が放映されているから、ドラマに合わせてつくった施設なのだろう。

「軍師官兵衛」は自分も全話視聴済みで、近年の大河ドラマでは「真田丸」と並んで思い出深い作品だ。戦国時代でも、とりわけ後期のエピソードに惹かれる。本

向かって右側が黒田時代、左側が細川時代の石垣だ。明らかに積み方が違うのがわかる。

官兵衛と夫人の像。官兵衛が側室を持たなかったというエピソードは大河でも描かれていた。

能寺の変後、天下を取った豊臣家が、大坂夏の陣で滅亡に至るまでの流れが一番おもしろい。

中津城へ来たらぜひ見ておきたいのが石垣だ。関ヶ原で軍功をあげた黒田家は福岡へと移るが、代わって中津へ入ったのが細川家だった。石垣は黒田時代につくられたものと細川時代のものが混在しているのだが、その境目が驚くほどくっきり残っているのだ。

黒田家が大きな直方体の石を用いていたのに対し、細川家は小さな石を積んでいる。素人目にも黒田時代の石垣のほうが立派に見える。築城の名手としても知られる官兵衛の手腕が窺えるのだった。

その後、細川家が熊本へ移封されて小笠原氏が城主を務めたあと、一七一七年に中津は奥平氏の居城となった。結局、江戸時代の大半は奥平氏がこの地を治め、

お城の中には奥平氏ゆかりの神社が。天守のすぐ前にあって目立つ存在だ。

そのまま幕末を迎えている。

黒田家ゆかりの地という理由で訪れたのだが、実際には奥平氏に関する展示も多いという感想だ。天守の前には神社が立っているのだが、ここは奥平家の祖先を祀っている。天守内は博物館のようになっていて、武具や甲冑などが展示されているが基本的にどれも奥平家にまつわるものだ。

展示物の中でとくに気になったのは、長篠（ながしの）の合戦を描いた屏風絵が飾られていたこと。織田・徳川連合軍が鉄砲部隊を駆使して武田家を打ち破った有名な合戦であるが、なんでこんなところにあるのだろうと思ったら、長篠城を守っていたのが奥平氏だった。つまり、出世のきっかけとなった戦というわけだ。

一万五千の武田の大軍に包囲されながらも、奥平軍はわずか五百で籠城し、織田・徳川連合軍が到着するまで守り切った。そのときに城のお堀のタニシを食べて餓えをしのいだという言い伝えから、毎年五月には中津でたにし祭りが開かれている。

中津城には黒漆の外壁の立派な天守が建つが、これはいわゆる模擬天守である。史料に基づいてオリジナルを再現したもの

天守の最上階からは中津の街を一望できる。川に隣接した「日本三大水城」らしい眺めだ。

お城といっても模擬天守なので、内部は階段があったりして、近代的な雰囲気。

武具や甲冑が展示されていた。この手の観光地では、お約束といえるだろうか。

武田信玄より拝領した陣羽織。奥平氏は武田家に服属した後、離反して徳川家に従った。

ではなく、萩城天守をモデルとしてつくられたものだ。とはいえ、別にお城マニアでもないし、細かいことは気にせず楽しめばいい。廃藩置県の際に城内のほとんどの建造物は破却されたのだが、戦後になって旧藩主の奥平家が中心となって中津市民からも寄付を募り天守を建てた。

ちなみに、破却を進言したのはかの有名な福沢諭吉だという。一万円札でお馴染みの福沢諭吉は中津出身の偉人で、駅前に像が立っている。市内には福沢諭吉が幼少期を過ごした住居や資料館など、ゆかりのスポットも点在しているので、戦国時代には興味がないという人はそちらを巡ってみるのもいいだろう。

44　中津城（奥平家歴史資料館）

- ●住所：大分県中津市二ノ丁本丸
- ●電話：0979-22-3651
- ●営業時間：9時～17時
- ●料金：400円
- ●駐車場：有（中津公園無料駐車場）
- ●アクセス：JR中津駅から徒歩15分

45

名護屋城（なごやじょう）

秀吉と“同じ景色”を見にいざ「名護屋」へ――

佐賀県
唐津市

名古屋城ではなく名護屋城である――そんな説明は九州の方々には不要だろうか。天下統一を果たした豊臣秀吉が、次に抱いた野望は明国（現在の中国）の征服だった。海を越えておよそ十五万もの大軍を朝鮮半島へ派兵する。いわゆる「朝鮮出兵」である。名護屋城はそのための前線基地として築かれた。

お城があるのは佐賀県唐津市。博多から地下鉄空港線に乗り、そのまま乗り換えなしでＪＲ筑肥線の唐津駅へ。駅近くのカーシェアリングで車を借りた。

名護屋城まではクルマで約三十分の距離。お城は半島のほぼ先端に位置している。カーナビでは内陸を行くルートを提示されたが、少し遠回りだとしても、海沿いの道を走ったほうがドライブも楽しめていい。

カーナビはスマホのアプリを使っているのだが、スポットの位置が間違っていることがたまにある。指定された場所へ着くと妙に閑散としていて戸惑った。一応駐車場らしきスペースもあるが、数台しか停められそうにない。

「本当にここでいいのだろうか……」

不安を覚えながら歩を進めていくと、案内板が出ており、ここは秀吉が日常生活を送っていた「山里丸（やまざとまる）」なのだと書いてある。よかった、ちゃんとお城に辿り着けたようだ。名護屋城は総面積十七万平方メートルにも及ぶ巨城だったという。入口からでは全貌が見えないのも、スケールの大きさゆえか。

掲示された城内地図によると、城門は五つもあり、自分がいるのは水手口だとわかった。正門となる大手口とは逆方向、つまり裏口へ来てしまったらしい。どうりで閑散とした雰囲気だったわけだ。

とはいえ、再度クルマに乗り込んで移動するのも面倒なので、このまま裏口から城内へ突入する。本丸へと続く坂道を上っていくと、城らしい石垣の風景が現れた。歩道はところどころひび割れしているが、舗装されており歩きやすい。坂を上りきると、平ら

石垣を眺めながら本丸跡を目指して坂を上っていく。戦国好きとしては心躍る風景だ。

で広々としたスペースに出た。無事、本丸に到着。

あまりの景色の素晴らしさに、「おおおっ〜」と思わず声が出た。視界がググンと開けており、眼下には海がバーンと広がっている。ググン、バーンである。パノラマの絶景である。

太閤が睨みし海の霞かな——本丸の石碑にはそんな句が刻まれていた、俳人・青木月斗が詠んだものだという。秀吉も同じ景色を見ていたということか。

この海の先には、いまの韓国がある。日本軍はここから目の前の海を渡っていったわけだ。しばし佇立しつつ、当時の情景を思い浮かべた。知識としては把握していたものの、現地に来てみるとやはり臨場感が違う。

名護屋城は一五九一年一〇月から築城を開始し、一五九二年四月にはほぼ完成していたと考えられている。わずか半年あまりの突貫工事で、これだけの規模の城を建てた事実に驚かされる。ちなみに縄張りを行ったのは、あの黒田官兵衛だ。

本丸の中でもとくに見晴らしの良さそうな一角に天守台が位置している。ここに五層七階建ての天守が屹立していたが、江戸時代に入って間もなく破却された。唐津城の築城時に、名護屋から建物の部材や瓦が一部運び出された記録が残る。現在は天守はおろか、櫓などの建物は一切残っていない。

お城巡りをしていて感じることだが、下

天守が立っていた場所から下界を見下ろす。この海の先に朝鮮半島がある。

手に復元するよりも、ありのままの姿のほうが想像する余地があっていい。朽ちた遺跡のような佇まいは自分好みだ。

天守台には、ここから俯瞰できる風景の地形図が設置されていた。各大名の陣がどこにあったかが記載されており、これがなかなか興味深い。ちなみにここは「名護屋城跡並陣跡」として国の特別史跡に指定されている。城だけでなく、陣跡もまた見どころなのだ。

戦時中は日本全国から百二十以上もの諸大名がこの地に集結していたという。名だたる武将の名前が並ぶ中、個人的に気になったのは「足利義昭」だ。室町幕

写真の扇形のプレートに、諸大名がどこに布陣していたかが記されている。

大手口には大きな駐車場もある。博物館を見るならこちらにクルマを停めたほうがいい。

府最後の将軍として知られる義昭は、擁立してくれた織田信長と敵対して都を追われる。その後、紆余曲折を経て、秀吉から一万石の領地を与えられているが、まさか前将軍までもがこの朝鮮出兵に参陣していたとは。

史跡探訪をしていると、色々と知りたい欲求が生まれる。本丸の見学を終えた後は、大手口そばに立つ「佐賀県立名護屋城博物館」へ立ち寄った。名護屋城の成り立ちや、朝鮮出兵の詳細について詳しく学べる施設だが、ここが素晴らしかった。期待を遥かに超える充実した展示内容で、名護屋城を観光するなら必見レベルのスポットと断言できる。しかも入場料が無料である。

館内の展示物の目玉のひとつが、当時の城下町の様子を描いた屏風図。それを見るとこの地がいかに賑わ

軍船の模型が展示されていた。左が日本の安宅船、右が朝鮮の亀甲船だ。

っていたかが窺い知れる。大名やその家臣たちに加えて、大勢の人々がこの地に集い城下町を形成していった。最盛期には人口十数万を数えるほどまでになったという。九州北部の半島の外れに、突如として巨大都市が誕生したわけだが、それもいまとなっては幻の都市であったのだともいえる。

名護屋城は当時、大坂城に次ぐほどの規模を誇ったという。その割には歴史マニア以外にはあまり知られていない。全国各地の城郭と比較すると、ほとんど無名クラスと言っていいだろう。

「……なごやじょう？　ああ、しゃちほ

名護屋城の総面積は約17万㎡。当時、大坂城に次ぐ規模を誇っていた。

この名古屋城ね」

　東京で周りの人間に聞いても、こんな反応がかえってくるのが普通だ。

　それに、朝鮮出兵の話もどちらかといえば興味は薄い気がする。歴史の授業でそういう事実があるとは学んだものの、戦争の詳細にまでは触れていない。なぜだろうかと不思議に思っていたのだが、博物館の展示を熟読して少し納得した。

　朝鮮出兵は文禄の役、慶長の役と二度にわたって行われた。開戦当初は軍備に勝る日本軍が圧勝、首都・漢城（漢城＝ソウルの旧名の一つ）を落としている。先鋒を務めた加藤清正はいまの北朝鮮とロ

朝市で有名な呼子がすぐ近くなので、ついでに新鮮な活イカを味わう手も。

シアの国境あたりまで進軍していたというから、まさに破竹の勢いだ。

ところが、時間の経過と共に抵抗は激しくなり、兵糧も枯渇。戦線は膠着していく。一五九二年に始まり、秀吉が没する一五九八年までと前後七年間にも及ぶ長い戦争だったが、結果的にほとんど成果を出せず終わっている。敵味方双方に多大な犠牲を出したうえ、この派兵が豊臣家が滅亡する遠因にもなった。要するに、「黒歴史」なのだ。

博物館では朝鮮現地での状況が、かなり詳しく紹介されている。ここではあえて書かないが、結構残酷なエピソードもあってショックを受けたりもした。「えっ、本当に？」と目を背けたくなるのだが、少なくともそういう説があるということは知っておく意義はある。

城を後にしてクルマを走らせる。赤信号で停車すると、交差点の名前が「伊達政宗陣跡」などと書かれていておやっと唸った。

45	名護屋城（名護屋城博物館）

- ●住所：佐賀県唐津市鎮西町名護屋1931-3
- ●電話：0955-82-4905
- ●営業時間：9時～17時
- ●定休日：月曜（祝日の場合は翌日）
- ●駐車場：有
- ●アクセス：JR西唐津駅から直通バス30分

46

三池炭鉱宮原坑

特大「櫓」の世界遺産⬇名物「洋風カツ丼」に舌鼓

福岡県
大牟田市

福岡でのプチ移住先に選んだのは、西鉄天神大牟田線の沿線だった。天神まで一本で出られるアクセスの良さに惹かれたからなのだが、沿線住民になってみて気になり始めたのが逆方向の終点——すなわち、大牟田である。毎日のように「大牟田行き」の電車に乗っているうちに、どんなところなのか興味が湧いてきたのだ。

調べると、見どころが結構豊富で観光するのに良さそうな街であることがわかった。これも何かの縁というわけで、行ってみることにしたのだ。

西鉄天神大牟田線は、JRの線路が並行するようにして走っており、ところどころ駅が至近距離に共存している。大牟田もそうで、西鉄大牟田駅とJR大牟田駅が隣接している。西鉄側の改札を出たら、駅前はのどかな住宅街といった雰囲気で閑散としていた。

連絡通路を通ってＪＲ側へ移動すると、ロータリーへ出た。空間が広々しており、タクシーなども停まっている。どうやらこちらが街の玄関口といえそうだ。

到着してまず目を奪われたのは、「世界遺産のあるまち大牟田」と書かれた横断幕だった。そう、この街には世界遺産の観光地があるのだ。

大牟田駅をJR側に出たところ。いたって普通の街並みで、世界遺産があるとは思えない。

江戸時代に約二百年も鎖国していた我が国は、明治維新を経てわずか五十年余りで飛躍的な発展を遂げた。西洋以外の地域で初めて産業革命が成功したことを示すものとして、二〇一五年に世界遺産に登録されたのが「明治日本の産業革命遺産」である。

この世界遺産は少々特殊で、日本全国八つの県に分散する形で点在している。計二十三にも及ぶ資産から構成されているのだが、ここ大牟田周辺にはそれらのうち四つが集まっている。三池炭鉱宮原坑、三池炭鉱万田坑、三池炭鉱専用鉄道敷跡、三池港の四箇所。いずれも、かつてこの地にあった三池炭鉱に関連する資産だ。

ちなみに、大牟田市内にはほかにも近代化産業遺産が多数存在するのだが、世界遺産に登録されているのはこの四つのみとなっている。登録されなかった資産が観光する価値がないなどとはまったく思わないものの、やはりまずは世界遺産から優先的に巡ってみたいのが本音だったりする。我ながら、ミーハーな観光客なのである。

ＪＲ大牟田駅を出てすぐのところに観光案内所を見つけた。情報収集がてら立ち寄ってみると、レンタサイクルが用意されていたので借りることにする。電動タイプが四時間六百円とのこと。無事、足を確保できてホッとした。

大牟田に限らず、地方都市を観光しようとするとクルマでの移動が前提になっている。一応路線バスなんかも走っているのだが、本数がかなり少なく実用的ではない。これは電車で旅していると悩みの種だったのだが、最近はその解決策として自転車を借りることを覚えた。レンタサイクルはローコストで自由度が高い。徒歩だと大変だけれど、クルマを借りるほどでもない、といった状況では威力を発揮するのだ。

目指したのは、三池炭鉱宮原坑だった。世界遺産に登録された四つの資産のうち、観光的に最大のハイライトといえそうな存在である。大牟田駅からは約二・五キロと、自転車で行くにはちょうどよい距離。スマホのアプリをナビにして出発する。

駅前の大通りから路地へ逸れると、やがて昔ながらの住居が立ち並ぶエリアに突入した。道がだいぶ入り組んでおり、GPSが現在地を正確に表示できない。

「本当にこっちで合っているのだろうか……」

不安を覚え始めたときだった。パッと視界が開け、原っぱの中に大きな構造物が立っていた。写真で見ていたので、ここが宮原坑だとすぐわかった。

自転車で宮原坑に到着。間近で見ると、想像していた以上に迫力がある。

自転車を停める場所を探していると、「こんにちは」と話しかけられた。ボランティア・ガイドの男性で、ちょうどこれから案内を始めるところだという。ありがたく便乗させてもらい、説明を聞くことにしたのだった。

三池炭鉱は、長崎の高島炭鉱に次いで日本で二番目に近代化された炭鉱だ。元は国営だったが、経営を引き継いだ三井がイギリスの大型排水ポンプや巻揚機などを導入して近代化。結果、国内最大規模の炭鉱として栄えた。

宮原坑はそんな三池炭鉱における主力坑口のひとつで、現在残っているのはその第二竪坑と呼ばれるもの。閉坑したのが一九〇一年で、かなりの年代物のはずなのだが、当時の面影をありありといまに伝えていて驚かされる。

シンボリックな大きな櫓は、高さが約二十二メートルもある。日本に現存する最古の鋼鉄製櫓なのだという。櫓の後方に建つレンガ造りの建物は巻揚機室。櫓の下、地中深くへ作業員を送り込んだり、石炭を引き上げていた。外観だけ見ると全体的に立派な佇まいで、朽ち果てているとはいえ、いまにも動き出しそうな迫力がある。

最新技術を惜しみなく注ぎ込んで作られた、当時としてはハイテクな施設だったわけだが、一方でこの地が囚人労働の場だった事実は見逃してはいけない。

「あまりの過酷さから、修羅坑と呼ばれていたほどです」

などと言われ、想像しただけでゾッとした。ブラックどころではないのだ。

それにしても、ガイドさんの説明は丁寧でわかりやすい。最近、日本各地の観光地でこの種のボランティア・ガイドに出くわすことが増えた。聞くと、リタイア後に暇な時間を持て余しているからと、始める人も多いのだとか。余生の過ごし方としては最高だなあと感心させられると同時に、ボランティア・ガイドの有無からその地の観光への力の入れようが窺えるのも興味深い。

巻揚機室内部には2基の巻揚機が設置されている。手前にあるのが主に人員昇降のためのもの。

説明を聞いて思わず撮った巻揚機室の外壁。
このレンガの積み方はイギリス式なのだとか。

「建物のレンガをよく見て下さい。同じ大きさのレンガが一列に並んでいますよね。これはイギリス式の積み方なんです。フランス式ではすべて同じではなく、間に小さなレンガが入ります。国内にあるもので有名なのは富岡製糸場です。あちらも世界遺産ですが、フランス式のレンガ造りになっているそうです」

　ガイドさんの説明でとくに印象深かったのがこれ。施設そのものの説明ではなく、どちらかといえば余談という感じだが、こういう細かい蘊蓄が案外記憶に残りやすい。

　第二竪坑に向かって右手には鉄道敷跡がある。炭鉱から採掘した石炭を運ぶためのもので、三池港に繋がっている。最盛期には側線も含めると百五十キロ続いていたというこの鉄道敷跡と、さらには港もまた世界遺産の構成要素だ。三池港からは、上海やシンガポールへ石炭が輸出されていた。石炭の時代は過去のものとなったが、港自体はいまも国際流通の拠点として稼働している。

三池港は日本で唯一の閘門式ドックを持つ港である。閘門式などと言われても、専門家ではないからピンと来ないのだが、水位を上下変化させることで干満差が大きい有明海に大型船を入れるための仕組みだという。

そう聞いて、昔訪れたパナマ運河を思い出した。太平洋と大西洋を相互に繋ぐ水運の要所もまた、水位の上下によって船を行き来させている。実際に水位を変

竪坑のそばには鉄道敷跡も残る。採掘した石炭は三池港などへ運ばれていた。

「洋風」だからか、食べる際に箸とフォークが両方出てきたのが印象的だ。

化させる瞬間を目の当たりにしていたから、あれと同じ仕組みだと知って腑に落ちるものがあった。

三池炭鉱関連の世界遺産としてはもうひとつ、万田坑もあるが今回はパスした。こちらは大牟田市のお隣、熊本県の荒尾市に位置している。気にはなったが、宮原坑だけでも十分に満足したし、さらに言えばお腹が空いたのも理由のひとつだ。

旅の思い出に、大牟田名物という「洋風かつ丼」を食べた。昭和十二年に開業した松屋デパートの大食堂で人気だったメニューだそうで、ガイドさんにもオススメされたのでトライしてみた。「ご飯の上にかつをのせ」「とろみのあるソースを使用」「基本的にフォークで食べる」以上三つが洋風かつ丼の定義なのだとか。歴史遺産を堪能したあとだけに、レトロな料理が気分に合う。

大牟田駅へ戻り、「天神行き」の西鉄に乗り込んだ。自宅までは乗り換えなしの一本。来るときは終点だったが、帰りは始発駅になるから座っていけるのがいい。

46　三池炭鉱宮原坑

●住所：福岡県大牟田市宮原町1-86-3
●電話：0944-41-2539
●営業時間：9時30分～17時
（最終入場16時30分）
●定休日：
公開日はHPのカレンダーにて要確認
●駐車場：有
●アクセス：
大牟田駅前「大牟田観光プラザ」で
レンタサイクル15分

熊本県山鹿市

47

歴史公園鞠智城・温故創生館

7世紀後半、白村江の戦いに破れた大和政権は、唐・新羅連合軍の侵攻に備えて西日本各地に城を築いた。鞠智城はそのうちの一つだ。現在は歴史公園として整備、遺構が公開されている。復元された「鼓楼」と呼ばれる八角形建物は見応えがある。

●住所：熊本県山鹿市菊鹿町米原443-1
●電話：0968-48-3178
●時間：9時30分〜17時15分（入館は16時30分まで）
●定休日：月曜（祝日の場合は翌日）
●料金：入館無料　●駐車場：有（78台分無料）
●アクセス：熊本駅からバス75分→タクシー5分

佐賀県佐賀市川副町

48

佐野常民記念館・三重津海軍所跡

佐賀藩の洋式海軍の拠点があった場所。日本初の実用蒸気船はここで建造された。有明海の潮の満ち引きを利用したドックが興味深い。VRゴーグルで約160年前の光景を体感するなど見学方法に工夫を凝らしている。世界遺産としては穴場？

佐野常民記念館
●住所：佐賀県佐賀市川副町大字早津江津446-1
●電話：0952-34-9455　●時間：9時～17時（入館は16時30分まで）
●定休日：月曜（祝日の場合は翌日）
●料金：入館無料（展示室料300円）　●駐車場：有
●アクセス：JR佐賀駅からバス40分→徒歩5分

長崎県島原市

49

島原（しまばら）

島原城や原城など、迫害されたキリシタンの歴史に触れられる名所が点在。戦国好きとしては、龍造寺隆信が討ち取られた「沖田畷（おきたなわて）の戦い」跡も押さえておきたい。やや遠いが、有明海を船で渡るなど工夫すれば短時間でもギリギリ訪問可能だ。

島原城
●住所：長崎県島原市城内1-1183-1
●電話：0957-62-4766
●時間：9時〜17時30分　●料金：540円
●アクセス：島原鉄道島原駅から徒歩10分

福岡県糟屋郡志免町

50

旧志免鉱業所竪坑櫓

きゅうしめこうぎょうしょたてこうやぐら

炭鉱跡に残る竪坑櫓。地上47.6メートルと、当時の鉄筋コンクリート構造物としては有数の高さを誇る。国の重要文化財であり、近代産業遺産としても注目される。福祉施設の敷地内に位置し、児童遊具と共存している光景もシュールでいい。

●住所：福岡県糟屋郡志免町志免495-3
●電話：092-935-7100（志免町役場 社会教育課）
●定休日：なし　●料金：無料
●駐車場：社会福祉施設シーメイト駐車場を利用
●アクセス：JR須恵駅から徒歩20分

第7章　半日旅の心得

ドドンと勢いよく旅しよう！

そもそも、半日旅の定義とは何だろうか？

一日の半分だからと、「十二時間以内の旅」などと単純に表現してもいいが、厳密に時間で区切るのもなんだか違う気がする。情緒に欠けるというか、正直あまりおもしろくない。

そこで本書では、勝手ながら次のように定義づけることにした。

半日旅＝思い立ってすぐに実行できる旅

旅は行きたいときが行きどきである。前もって計画を立て、用意周到に準備をするよりも、気持ちが盛り上がっているうちにサクッと行ってしまうほうがいいのではないか、というのが我が持論である。

大事なのは勢いだ。イキオイとカタカナで書いたほうが、さらに気分は伝わるかもしれない。ドドン！　と旅してしまう。もちろんダダン！　でも、ババン！　でも、何でもいい。とにかく高いテンションのまま旅モードへ突入する。これぞ旅を心から楽しむための秘訣である。

出発までのタイムラグが長ければ長いほど、熱は冷めてしまうものだが、この点は半日旅ならば心配無用だ。なにせ、発案してすぐに、極端な話、その日のうちにでももう実現可能である。行きたいなあと思った次の瞬間には、家を出る用意をすればいい。

突如思い立っただけに、良くも悪くもいい加減な旅になりがちなのは確かだが、それもまた醍醐味だ。むしろ、なりゆきに任せたほうが上手くいく。

出発した途端に雨が降ってきたり、駅へ着いたら事故で電車が止まっていたり、なんてちょっとしたハプニングに見舞われることもあるだろう。

それらもまた一興である。何か起きてもスパッと気持ちを切り替える。場合によっては目的地をその場で変更するのもアリだ。何か月も前から計画してきた旅とは違い、半日旅ならばたとえ失敗してもあきらめがつく。

とにかく本能のまま旅するべし。フットワークは軽ければ軽いほどいい。

優先すべきは時間や効率

日本は電車などの公共交通が時間に正確である。よく言われることだが、外国を旅してみるとその通りだなあと腑に落ちるものがある。

たかだか数分遅れただけで、

「お急ぎのところご迷惑をおかけして申し訳ございません」

などと、いちいち謝罪のアナウンスが流れるような国である。

おまけに大都市近郊は路線網が細かいし、本数も多い。交通インフラの充実ぶりは、半日旅のしやすさに直結する。急にどこかへ行こうと思い立っても、驚くほど簡単に目的地へ辿り着けるのは、素晴らしい環境だなあとしみじみ思う。

週末海外などもそうだが、短期旅行では効率が優先される。限られた時間をフル活用するためには、これは仕方がないことだ。

たとえばスマホの路線検索アプリを思い浮かべてほしい。アプリによって細かい機能は異なるが、大抵は検索結果で「到着時間順」「乗り換え回数の少ない順」「料金の安い順」などに表示を切り替えられるようになっている。

半日旅に限っていえば、調べるのは基本的に「到着時間順」である。

乗り換え回数は少ないほうが楽なのは確かだが、そもそも電車の乗り換えすら面倒、などというものぐさな人には向かない種類の旅だと思う。

また、料金は当然安いほうがうれしいわけだが、半日旅ならば多少高くても早く着いたほうがいい。お金で時間を買うような行為になるが……まあ、考え方次第だ。それこそ特急や、場合によっては新幹線なども積極的に活用していきたい。

さらにいえば、タクシーも惜しまず利用する。大人の旅なのである。

行き先によっては、到着した駅からバスへの乗り換えが必要なところもある。電車と違ってバスは時間が読みにくいし、本数も限られる。ならば、多少出費がかさんでもタクシーでササッと移動してしまうのもアリではないだろうか。

どういうルートを辿れば、お目当てのスポットへ早く到着できるかを考える。迷ったときは、効率を優先した選択をすると上手くいく。

スマホは半日旅の必須ツール

半日旅で自分がよくやるのは、旅を思い立ったらまずおおまかな行き方だけ調べて家を出てしまう方法だ。そうして最寄り駅に着いて、電車に乗って落ち着いてからあれこれ調べ始める。移動時間を計画時間にあてると効率がいい。

我ながら行き当たりばったりだなあと呆れるが、いざ旅に直面してからの方が情報の収集意欲が高くなるのは確かだ。それにタイムリミットがあるため、ネットをだらだらと見て無駄な時間を過ごさなくて済む利点もある。

この「とりあえず出発してから調べる」スタイルが可能になったのはスマホのおかげだ。電波さえ入れれば、どこにいても、移動中であっても常にオンライン状態なのは便利だ。とくに半日旅のような突発型の旅行ではありがたみが大きい。

我が旅はスマホ、およびネットへの依存度がやたらと高いのが特徴である。

具体的にどんな使い方をしているかというと、一番使うのはグーグルマップだろうか。

アナログの時代もデジタルの時代も、旅に欠かせないツールとなるとやはり地図が筆頭候補となる。

グーグルマップは初期の頃と比較すると驚くほど進化を遂げた。ただ単に地図を確認するだけでなく、これ自体がひとつのプラットフォームとして機能している。ほかのツールとの連動も当たり前で、たとえばホテルをネットで予約すると、自動的にその場所が記録され、行き方なども素早く表示できる。

スポットを調べるときも、最近ではウェブブラウザではなく、マップ上から直接検索をすることが多い。気になったスポットにはスターを付けていく。いわゆるお気に入り登録のような機能だが、旅を繰り返すうちに地図が星で埋め尽くされていくのが、まるで白地図から自分だけの地図を作るようでなかなか楽しい。

スマホの旅での活用は、それだけで一冊の本になるほどの大きなテーマで、実際に過去に自分もそういう本を書いたことがある。だからキリがないのだが、ここではもうひとつだけ、半日旅ならではの使い方を紹介すると、タクシーの配車アプリも重宝する。

大都市近郊とはいえ、郊外へ出れば出るほど街は閑散としてくる。田舎町であっても、駅前にはタクシーが客待ちしていたりするから行きは心配する必要はないのだが、一方で帰りは要注意である。

流しのタクシーなんてまず走っていない。バスも走っていない、あるいは時間が合わない、といった場合は途方に暮れてしまうのだ。解決策としてはタクシーを呼ぶしかないのだが、タクシー会社に電話をするにも、番号を調べなければならない。ならばアプリで近くの車を呼んでしまったほうが早い。

タクシーを呼び寄せると、リアルタイムに情報が更新されていく。

「あと七分で到着します」

見知らぬ土地の路上で独りぼっちで待っている身としては、画面に表示されるそんなメッセージが随分と心強く感じられるものだ。

電車で行くか、車で行くか

ここまでの話は公共交通手段での移動が前提となっているが、もちろん車で行く手もある。マイカーがある人は言うまでもないし、レンタカーやカーシェアリングを活用するのもアリだろう。

我が家の話をするならば、実は家族でお出かけをするときはほぼ百パーセント、車である。いまは小さな子どもがいるからそのほうが楽というのもあるが、子どもが生まれる前からうちではドライブ旅が基本スタイルだった。

車ならば自分の好きなときに、好きなところへ行ける。途中で気になった場所があれば寄り道もし放題だ。荷物のことを気にしなくていいから、お土産なども気兼ねなく買える。

普段の行楽ならばいいことずくめなのだが、これが半日旅となると状況は変わってくる。車の旅には大きなデメリットがあるからだ。

それはやはり、時間が読めないことである。最大のネックは渋滞問題だろう。とくに週末であれば、道路の混雑は避けられない。目的地までの距離からは想像できないほど時間がかかることだって珍しくない。半日旅のように時間制限がシビアなケースでは、公共交通手段のほうが使いやすいのが正直なところなのだ。

本書では各スポットへのアクセス方法も紹介しているが、多くは電車やバスでの行き方について書いている。僕自身がそれら公共交通で訪れているからだ。半日旅のときは一人旅のことも多いため、なおさら公共交通になびいてしまうという裏事情もある。

さらには、当然ながら車だと運転しなければならない。前述したように、半日旅だととりあえず下調べは後回しにして、家を出てしまうことがほとんどだ。ハンドルを握っていなければならないとなると、行きの道中でスマホで情報収集するようなやり方が通用しない。移動時間＝計画時間とするためには公共交通のほうが都合がいいのだ。

もちろん、絶対に公共交通がいいと主張したいわけではない。旅の目的や、そのときどきの気分や状況次第で最適な方法を選択するといいだろう。

電車＋カーシェアが最強

いっそのこと、電車と車を組み合わせる手もある。行けるところまで電車で移動し、最寄り駅から目的地までのアプローチにだけ車を使う。半日旅に限っていえば、これこそが最も効率のいい移動方法といえるかもしれない。

その際に、活用すべきはカーシェアリングだ。会員登録さえしておけば、日本全国のステーションで簡単に車が借りられる。課金が十五分単位だったりするので、短時間でも気軽に利用できるのもうれしい。

レンタカーではなくカーシェアリングという点がポイントだ。借りるのに煩雑な手続きは不要だし、燃料代込みなので返すときに給油する必要もない。

何よりステーションの数が桁違いだ。大都市ターミナル駅はもちろんのこと、それほど大きな駅でなくても探せば割と見つかる。駅前のコインパーキングの中に設置されているパターンが多く、電車を降りてすぐに車へ乗り換えられるのは超便利だ。もちろん、当日でもスマホのアプリから簡単に予約可能である。

公共交通頼みの旅で最大の弱点ともいえるのが、最寄り駅から目的地までの移動手段だった。地方へ行けば行くほど交通の便は悪くなる。路線バスが出ているとしても本数が非常に少ないし、タクシーだと大抵は割高である。対してカーシェアならば、この弱点を克服できるというわけだ。

さらには車での半日旅の最大のネックである渋滞問題もこの方法でクリアできる。渋滞するのは大抵は都市部や、高速などの幹線道路だったりするからだ。渋滞が予想される区間は電車で突破してしまえばストレスがない。

実は僕自身も最近はこの電車＋カーシェアというスタイルが増えている。使ってみてその利便性やコストパフォーマンスの高さに気がついた。マイカーがあるにもかかわらず、行き先によってはあえてカーシェアを選択するほどだ。

本書に収録した旅でも、積極的にカーシェアを活用している。例を少し紹介すると、平尾台（46ページ）へはＪＲ行橋駅前、名護屋城（256ページ）へはＪＲ唐津駅前のステーションでカーシェアをして移動している。

目的地によっては車がないと明らかに不便な場所もある。効率を重視するならオススメの移動方法といえるだろう。

天候次第で行き先を柔軟に変える

旅を成功させるためには、臨機応変な現場判断が求められる。それは交通手段に限った話ではない。

たとえば、旅行当日にあいにくの天気に見舞われた場合。朝起きた時点では雨が降っていなくても、下り坂の天気予報ということもある。

雨天でも決行するか否か——。

最終的な判断は旅人各自の価値観によるものの、僕自身は雨の日に屋外のスポットへ行くのは躊躇する。傘をさしながら観光するとなるとモチベーションが落ちるのは正直なところだ。とくに海や山など、自然を目的とした旅ならば、心からは楽しめない可能性が高い。

こういうとき、自分ならサッサとあきらめる。無理して予定通り旅を強行するよりも、この際もう開き直って行き先を変更してしまうのだ。屋内のミュージアムやグルメスポットなど、雨でも楽しめる場所だってたくさんある。

柔軟に対応したいところだ。繰り返しになるが、やはり前もって準備してきた旅ではなく、突発的に思いついた半日旅だからこそ可能な芸当なのだともいえる。

そもそもどこへ行くか、という時点で、あらかじめ候補を複数用意しておくのもセオリーである。僕自身は行きたい場所をリスト化していたりもする。「行きたいリスト」という名で、ネットのクラウド上に保存している。

極端な話、行き先を決めるのは前日や、当日の朝でもいい。リストを眺めながら、その日の天気予報をチェックしつつ、

「今日は佐賀だけ晴れているから、佐賀へ行こうかな」

などと、作戦を練るわけだ。

選択肢は多いに越したことはない。半日旅をライフワークとするのならば、日頃から行きたい場所を自分なりに整理しておきたいところだ。

いざというときは宿泊する手も

行き当たりばったりの旅は気楽な半面、思い通りにいかないこともままある。列車の本数が少なくて、上手く乗り継ぎできなかったり。家を出るのが遅すぎて、到着したらもう閉園寸前だったり。事前にきちんと計画を立てていれば防げるような間抜けな失敗

ばかりなのだが、それを言い出したら元も子もない。ここまで書いてきたように、半日旅とはそういうものだからだ。

ここはやはり臨機応変に対応すべきである。あまりにも遅くなってしまったなら、予定を変更するのも手だ。行き先によっては、思い切って宿泊するのもアリだろう。半日旅だからといって、必ずしも日帰りにこだわる必要はない。

国内でホテルの当日予約をするときには、ちょっとしたコツがある。個人的に心がけていることと言い換えてもいい。それは何かというと、遅くても午後三時頃までには予約を済ませるということ。

当日予約のニーズ自体は一定数あるようで、スマホで空き状況を見ているといい部屋から順に埋まっていく。どうしようか迷っているうちに、さっきまで表示されていた部屋がなくなってしまった……なんてことも珍しくない。

僕の経験上、午後三時を過ぎると急速に部屋が埋まり始める実感がある。三時というのは、多くの旅館やホテルでチェックインが始まる時刻でもある。決めるなら早ければ早いほどいいのだが、ひとまずの目安とするといいだろう。

とにかく空室さえあれば、スマホでその日の宿も簡単に予約できる。

「いや、でも、着替えがないし……」

と言うなら、道中どこかで調達すればいい。見知らぬ街で服を買う行為もまた新鮮な体験になるかもしれない。偶発的な要素に翻弄されてみるのも旅の醍醐味だ。そのほうがかえって非日常感を味わえたりもする。

要するに、なりゆきにまかせようということだ。元々無計画な旅なのだから、とことん思いつきで行動するほうが理に適っている。予定調和な旅ほどつまらないものはない。

海外旅行好きが好きな日本旅行

僕の場合、国内旅行を始めたきっかけは海外旅行だった。世界を旅していると、逆に自分が住む国のことが気になってくるのは不思議だ。

海外旅行のときと近い目線で我が国を旅してみると、改めて日本は素晴らしい旅先だなあとしみじみする。歴史のある文化財は豊富だし、四季折々の自然も美しい。食文化は多様だし、工芸品なども地域ごとの特色があって飽きない。

本書で紹介したスポットは、著者である僕の嗜好が百パーセント反映されたセレクションとなっている。なるべく偏らないように心がけたつもりだが、それでもどうしても選び方に傾向のようなものは出てくる。それらの一部は自己分析するならば、次のような表現で言い表すこともできる。

——海外旅行好きが好きな日本旅行

近年は訪日外国人旅行者が急増しているが、彼らの立場になったつもりで旅してみるのもおもしろい。母国という色眼鏡を外し、「ジャパン」という数ある国のひとつとして向き合ってみる。他国と比較するのが必ずしもいいとは思わないものの、相対的に日本の良い点や悪い点が見えてくるのは確かだ。

例を挙げると、祐徳稲荷神社（188ページ）や北九州市漫画ミュージアム（233ページ）などは、まさにそんな視点で取り上げたスポットといえるだろうか。両者共に、行ってみたら外国人の姿を数多く見かけた。日本人からすれば当たり前すぎて見過ごしがちな美点も、外国人だからこそ気が付くのではないか。

また、日本にいながらにして異国気分に浸れるような場所も自分好みだ。現地まで足を運ぶ余裕がないときに、とりあえず疑似体験ができるスポット。これも例を紹介すると、長崎ランタンフェスティバル（101ページ）や成田山久留米分院（179ページ）がまさに該当する。

海外旅行は好きだけど、国内旅行には興味がない（あるいは、興味がなさそう）という人は僕の周りにも案外多い。本書はそういう人たちにこそぜひ読んでいただきたい一冊だったりもする。

芋づる式に次の行き先が決まる

行きたいところへ行く——これがベストである一方で、行きたいところが多すぎて一箇所に絞れない、なんてケースも実際にはあるだろう。逆に行きたいところがとくにない人や、どこでもいいから楽しそうな場所へ行きたい人などもいるかもしれない。迷ったときはどうすればいいか。

旅先の選定方法について、僕自身が重視していることを紹介する。

それは何かというと、物語性である。

以前に北海道へ「さっぽろ雪まつり」を観に行ったときのことだ。とくに印象に残ったのは沖縄ブースだった。会場内では雪像以外にもさまざまな出展があって、企業や自治体などが各々のブースを出している。沖縄ブースというのはそのうちのひとつで、沖縄県が沖縄観光をPRするために出展していたものだ。

雪まつりが行われるのは屋外だが、真冬の北海道は尋常じゃない寒さである。ブルブル震えながら屋外で雪と戯れているときに、暖かい南国＝沖縄が目の前に現れると、狂おしいまでに愛おしく思えてくるのだ。

中に入ってみたら、ミス沖縄の美女がマンツーマンで案内をしてくれた。パンフレットを一式渡してくれて、一緒に記念写真も撮ってくれた。そのまま会話の流れで、なんとなく聞いてみたのだ。

「沖縄の離島だと、どこがおもしろいですか？」

「そうですねえ、これからの季節だと伊江島はいいですよ」

伊江島は沖縄本島北西部近くに浮かぶ島である。美ら海水族館からも島影を遠くに望める。なんでも、春になると百合の花が咲き乱れるのだという。

この話をしてから約一ヶ月後、僕は伊江島に足を踏み入れていた。きっかけはもちろん、雪まつりのその一件である。興味を覚えたので、そのまま勢いで訪れてみたわけだ。物語性というのは、つまりはこういうことだ。

ただ漠然と旅をするのではなく、次の旅へと続くとっかかりを見つけられると深みが増してくる。旅を別の旅へ関連付けていくようなやり方である。

北海道から沖縄というのは極端な例だが、もちろん半日旅でも同様のやり方が通用する。エリアが限定されるぶん、むしろ繋がりが生じやすかったりもする。

きっかけは些細なことでいい。たとえば列車の駅も情報の宝庫だ。置いてあるパンフレットや、構内に貼られたポスターなどから次の旅のヒントが得られたりもする。あるいは路線図を眺めているうちに、とっておきのアイデアが思い浮かぶかもしれない。

どこかを旅することで、新たな旅のきっかけが生まれる。そうして芋づる式にどんどん繋がっていく。しつこいようだが、やはり自然な流れに身を任せるのがいい。

最新スポットよりも最旬スポットへ

福岡へプチ移住してみて、「いいなあ」と思ったのが、自然の豊かさだ。洗練された大都市でありながら、少し足を延ばせば海や山が広がっている。とくに半日旅のような時間の限られた旅ではこれは大きな魅力だ。

歴史系スポットの充実ぶりにも目をみはるものがある。神話の時代から言い伝えられているような由緒正しいスポットから、日本の近代化を担った産業遺産まで時代も幅広い。本書では「城・世界遺産・史跡」という章を設けているが、これ以外の章においてもたびたび歴史に関するエピソードが登場しているほどだ。

補足するならば、世界遺産だけでなく「日本遺産」にも注目するといい。これは二〇一五年に始まった新制度で、文化庁が認定するものだ。誰もが知っている有名観光地というよりも、知る人ぞ知る穴場のようなところが中心なので、旅先選びの参考になる。

旅先にも流行り廃りのようなものはあって、行き先を比較検討する際に影響力を持つ。

「過疎っている」場所よりも、活気のあるところのほうが気になるのは正直なところだ。とはいえ、新しければいいというものでもない。

個人的に意識しているのは、最新スポットではなく最旬スポットである。イベントに参加するような感覚とも似ている。SNSで友だちが話題にしていたところや、昔ながらの観光地がいまになってブーム再燃と聞くと、俄然興味を覚えたりもする。

自分の中で裏テーマのようなものを設定するのもいいだろう。本来の目的とは別に、ついでに達成したいもの。サブテーマや、おまけ要素と言い換えてもいい。

僕が意識しているのは「食べること」だ。基本的に食いしん坊なので、旅先ではその地の名物料理を味わいたい。行き先の候補を絞りきれないときは、美味しいものにありつけるかどうかもまた一つの判断材料となる。

おまけ要素といっても、それはときには旅のメインテーマにもなり得るものだ。本書でも欲望まみれの旅を随所で紹介している。美味しいものだらけで、食べ歩きが楽しいというのもまた福岡に住んでみて抱いた感想の一つだ。

おわりに

福岡に住んでみた！

東京港から北九州行きのフェリーに乗り込んだのは二〇一八年十月初旬のことだった。妻や娘たちを連れ、一家全員で車ごと乗船した。車内には家財道具がパンパンに詰まっている。ほとんど夜逃げのような状態で出発したのは、それが旅ではなく移住だったからだ。

飛行機なら数時間で着く距離だが、船だと途方もなく時間がかかる。船内で二泊して、三日目の早朝に門司港に到着。無事九州に上陸を果たした後は、そのまま福岡市内へと車を走らせ、予約していたマンスリーマンションに入居したのだった。

それから約一ヶ月間、福岡に滞在しながらあちこち旅して回った。本書は主にその模様を綴ったもので、『東京発 半日旅』『京阪神発 半日旅』に続く半日旅シリーズの第三弾となる。

各スポットの取材自体は東京から都度出張するやり方でも可能だが、読者の大半は福岡やその近郊にお住まいの方々だ。同じ目線で旅をしないとどうしてもリアリティに欠ける。そこで、現地に住んでみることにしたわけだ。

移住といっても、短期間の「プチ移住」である。実は前作『京阪神発』でも、同じように京都に移住しながら取材を行っていた。さらに少し遡ると、このスタイルで最初に移住したのは沖縄だった。我が家のプチ移住も今回の福岡で三回目なのだ。

個人的に、もともと福岡は憧れの街だった。日本国内で移住先を探すなら、最有力候補である。実際に住んでみて、その思いはさらに強いものとなった。

都会的で便利な暮らしが送れる一方で、すぐ近くには海や山など豊かな自然も存在する。ご飯は何を食べても美味しいし、人々は大らかで余所者にも優しい。旅好きとしては、空港が市内からめちゃくちゃ近いことも魅力的だ。

「このままずっと住み続けられそうだな……」

あまりの住み心地の良さに、そんな感想を持った。

プチ移住ではなく、永住したいぐらい気に入ったのだが、そう考えるのはどうやら僕だけではないようだ。全国の政令指定都市の中でも、福岡市は人口増加数が堂々の一位を誇るのだという。住環境だけでなく、若くて勢いのある企業が多く集まっていることも人気の理由らしい。

確かに、街は活気にあふれている。田舎暮らしにも惹かれるものはあるが、根っからの都会っ子だから適度に刺激も欲しい。そんな人間には、福岡は最良の地に思えるのだ。

最後に制作の裏話のようなことを書くと、シリーズ三作目とはいえ、これまで以上に試行錯誤を求められた。東京や関西に比べて不慣れな土地だったためだ。福岡をはじめ九州各地へは過去にもたびたび訪れているものの、頻度としては関西ほどではない。土地勘や予備知識に乏しく、少なからずアウェイ感が漂うのも正直なところだった。

こういう本を作る場合、どんなスポットを取り上げるのか最初に一覧などにするのが普通だが、今回は旅をする中で取材先リストを随時更新していく形となった。いわば、出たとこ勝負である。気になるキーワードをこまめに検索しつつ、友人・知人にヒアリングしたり。滞在中はほぼずっと、おもしろそうな場所を探し続けていた気もする。

そうして結果的にまとまったのが、本書で紹介した計五十箇所というわけだ。

都道府県ごとに整理すると、福岡県二十一箇所、佐賀県十四箇所、大分県八箇所、熊本県三箇所、長崎県四箇所。

福岡県が最多なのは当然としても、佐賀県が思いのほか充実している印象も受ける。とくに意図したつもりはないが、取材途中で観た某アニメ作品の影響で、自分の中でにわかに佐賀ブームが起こったことは「ドライブイン鳥」の文中にも書いた通りだ。

「日帰り」ではなく、あくまでも「半日」であるから、遠方よりも近場が中心のラインナップとなっている。熊本県は北部の福岡との県境に近いエリアだけだし、九州南部の宮崎県や鹿児島県までは流石に半日では行けなかった。

いずれにせよ、訪問場所を選定するうえでは、筆者である自分の嗜好が百パーセント反映されている。まあでも、行きたいところに行ってきただけのことだ。

逆にいえば、行きたくないところへは行っていないし、行ってはみたもののイマイチだった場所は紹介していない。

さらに補足すると、行かないで原稿に書くようなことは今回もしていないことは念を押しておく。行って書く——当たり前の話なのだが。

写真に関してもいつも通りすべて自分で撮ったものだが、「志賀島」のところで掲載した金印の写真一枚だけは権利上の問題により、例外的に福岡市博物館から提供されたものを使用している。黙っていればバレなそうだが、明らかにしておきたい。

最後に謝辞を。担当編集の内田克弥さんには今回も大変お世話になりました。関東、関西、九州と来たので次こそは——千葉？（出身県なのですよ）

「こうなったら日本全国を制覇しましょう！」

などという威勢のいい話をしていたりもするので、引き続きまたどこかで半日旅に出かけられればと願っている。では、また！

二〇一九年七月三日　五輪もアルピノライブも当選ならず

吉田友和

27. 宗像大社（P150）
28. 宇佐神宮（P160）
29. 南蔵院（P170）
30. 成田山久留米分院（P179）
31. 祐徳稲荷神社（P188）
32. 須賀神社（P189）
33. 宮地嶽神社（P190）
34. 香椎宮（P191）
35. 大分県立美術館OPAM（P194）
36. 旧豊後森機関庫（P204）
37. 佐賀バルーンミュージアム（P212）
38. 中冨記念くすり博物館（P224）
39. 屋根のない博物館（P232）
40. 北九州市漫画ミュージアム（P233）
41. 北九州市立いのちのたび博物館（P234）
42. 福岡アジア美術館（P235）
43. 志賀島（P238）
44. 中津城（P248）
45. 名護屋城（P256）
46. 三池炭鉱宮原坑（P266）
47. 歴史公園鞠智城・温故創生館（P276）
48. 佐野常民記念館・
三重津海軍所跡（P277）
49. 島原（P278）
50. 旧志免鉱業所竪坑櫓（P279）

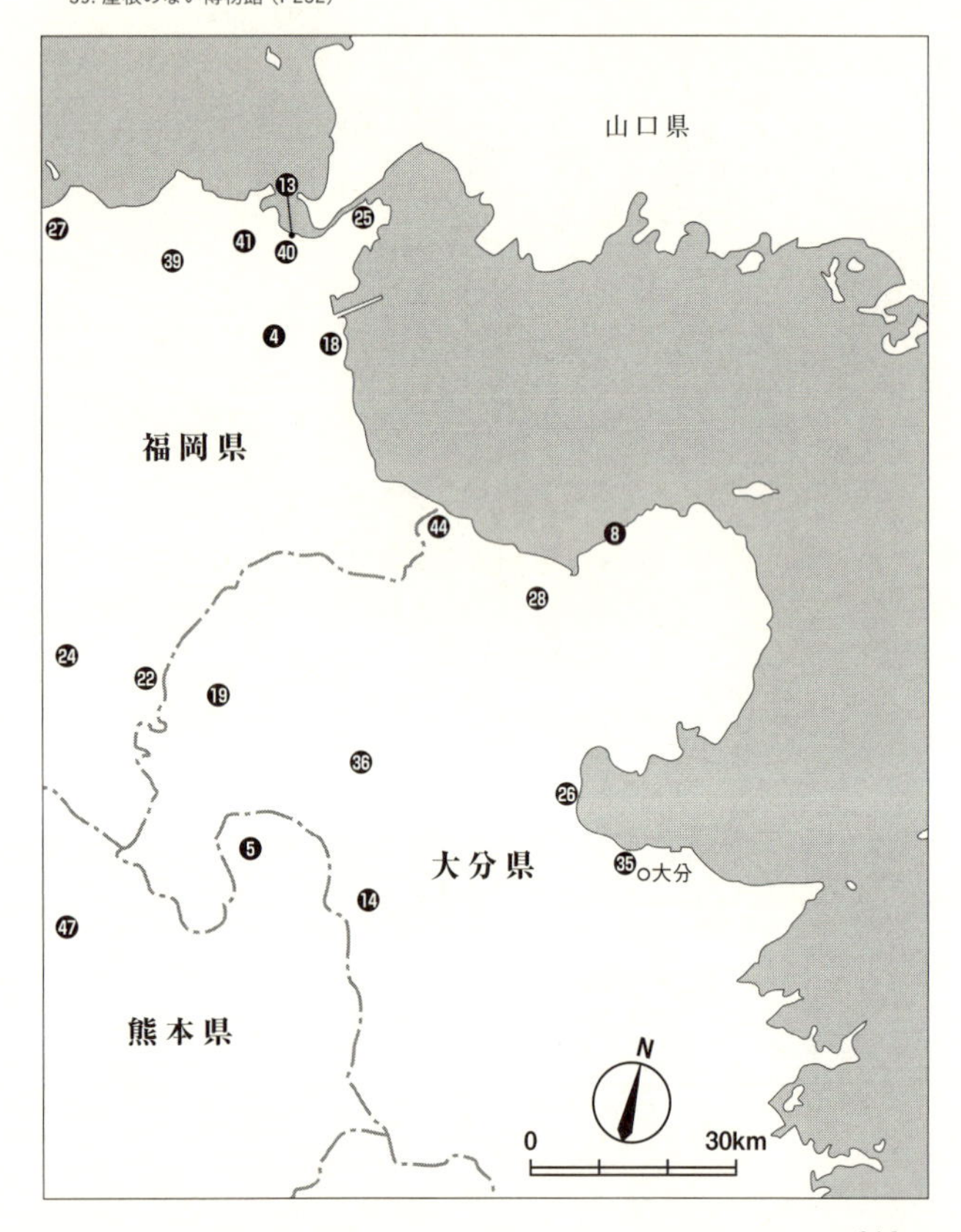

「福岡発 半日旅」掲載場所一覧地図

1. 糸島（P16）
2. 天山（P28）
3. 巨石パーク（P37）
4. 平尾台（P46）
5. 鍋ヶ滝公園（P56）
6. フルーツバス停（P57）
7. 御船山楽園（P58）
8. 真玉海岸（P59）
9. 米ノ山展望台（P60）
10. 山鹿灯籠まつり（P62）
11. 唐津くんち（P73）
12. 嬉野温泉（P82）
13. 北九州夜景観賞クルーズ（P90）
14. 寒の地獄温泉（P98）
15. 波佐見焼（P99）
16. 相島（P100）
17. 長崎ランタンフェスティバル（P101）
18. 苅田山笠（P102）
19. 想夫恋焼〈日田焼きそば〉（P104）
20. ドライブイン鳥（P112）
21. 三瀬のそば（P122）
22. うきは（P134）
23. シシリアンライス＆マジェンバ（P144）
24. 巨峰ワイナリー（P145）
25. 焼きカレー（P146）
26. とり天（P147）

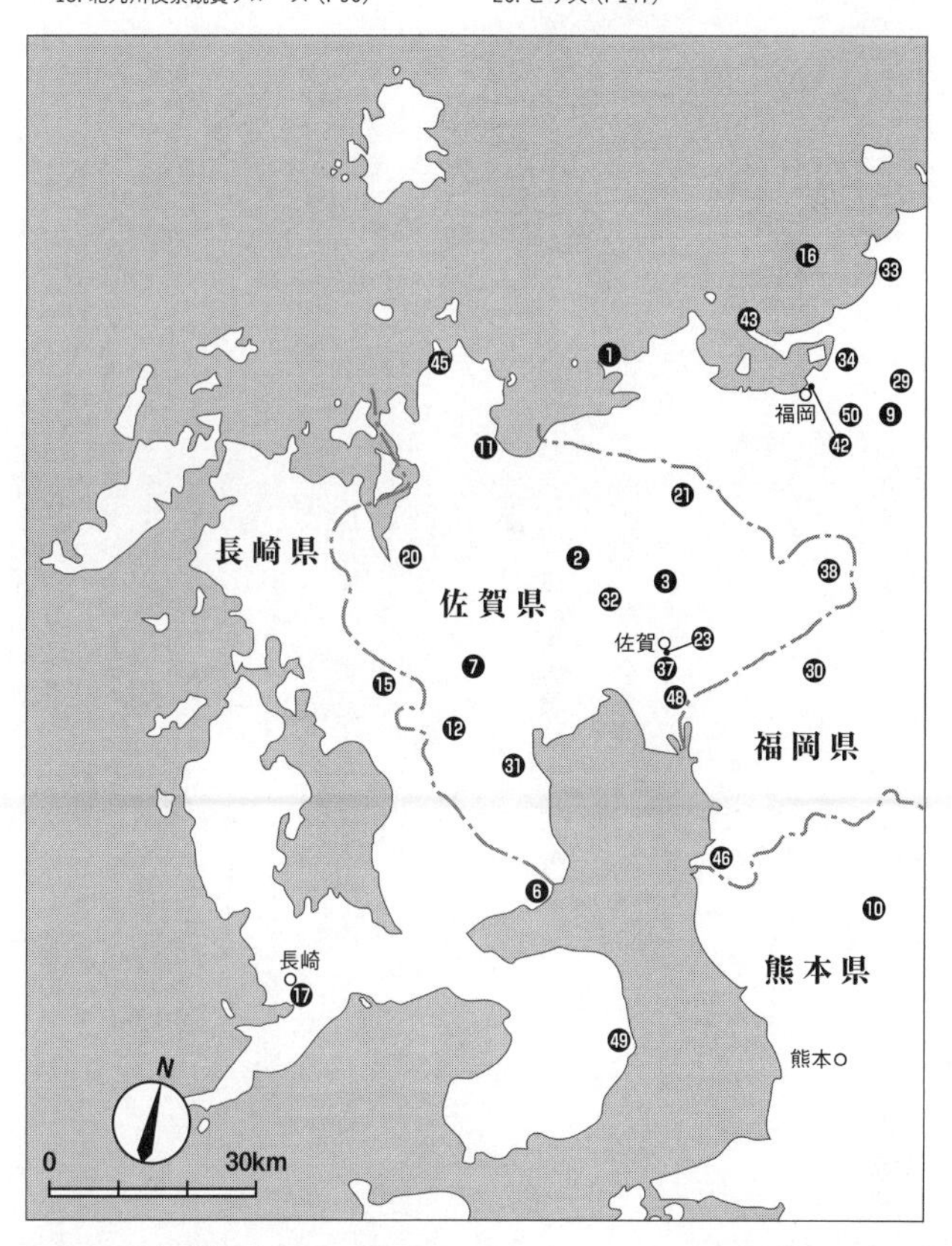

福岡発 半日旅

2019年9月10日　初版発行

著者　吉田友和

吉田友和（よしだ・ともかず）
1976年千葉県生まれ。出版社勤務を経て、2002年、初海外旅行ながら夫婦で世界一周を敢行。2005年に旅行作家として本格的に活動を開始。国内外を旅しながら執筆活動を行う。ここ数年は、「宿泊を伴わない短い旅ながら、思い出として自分の中に残り、結果的に日々の生活にいい刺激となる」〝半日旅〟にも力を入れている。『3日もあれば海外旅行』『10日もあれば世界一周』（ともに光文社新書）、『思い立ったが絶景』（朝日新書）、『世界も驚くニッポン旅行100』（妻・松岡絵里との共著、PHP研究所）をはじめ、滝藤賢一主演でドラマ化もされた『ハノイ発夜行バス、南下してホーチミン』（幻冬舎文庫）など著書多数。

発行者　横内正昭
編集人　内田克弥
発行所　株式会社ワニブックス
〒150－8482
東京都渋谷区恵比寿4－4－9えびす大黒ビル
電話　03－5449－2711（代表）
　　　03－5449－2734（編集部）

カバーデザイン　小口翔平＋三沢 稜（tobufune）
本文・DTP　斎藤 充（クロロス）
地図　千秋社
写真　吉田友和
校正　玄冬書林
編集　内田克弥　中野賢也　滝本愛弓（ワニブックス）

印刷所　凸版印刷株式会社
製本所　ナショナル製本

ISBN 978-4-8470-6630-6
ワニブックス【PLUS】新書HP　http://www.wani-shinsho.com